어린이
세계지식
여행

어린이 세계지식 여행

2022년 10월 15일 개정2판 발행

지은이 이아연
발행인 겸 편집인 김낙봉
디자인 위드제이
사진, 일러스트 Fotolia. com, 임채준
교 정 우정민
발행처 북네스트

출판등록 제2016-000066호
주 소 경기도 파주시 소라지로 202번길 127
전 화 070-8200-6727
팩 스 031-622-9863
독자문의 laejoo@naver.com

ⓒ이아연 2022
ISBN 978-89-93409-41-3 73900

사람을 행복하게 하는 출판사 북네스트

값 12,800원

어린이
세계지식
여행

이아연 지음

차례

유럽·아메리카

왜 아직 왕이 있는 나라가 있어요? 12
영국은 한 지붕 네 가족, 왜 그런 거예요? 19
스페인과 바르셀로나, 한 나라 안의 으르렁 관계 26
덴마크, 뚱뚱하면 세금을 더 내야 한다고? 33
유럽연합은 왜 있는 거예요? 39
미국은 어떻게 제일 힘센 나라가 되었어요? 44
셰일가스가 뭐예요? 51
남아메리카 사람들은 왜
자신들만의 언어를 안 쓰나요? 57

아시아

중국이 원래 세계 최고
경제 대국이었다고요? 66
싱가포르는 어떻게 부자가 되었어요? 73
인도에는 왜 신분제도가 있어요? 79
손으로 밥 먹는 나라, 괜찮은 거예요? 86
다문화가정도 한 민족인가요? 91

중동 · 아프리카

중동 사람들은 왜
우리나라 사극을 좋아해요? **100**

이슬람 IS단체는 왜 테러를 해요? **106**

아프리카는 왜 발전을 못했어요? **113**

흑인종 · 백인종 · 황인종,
왜 피부색이 달라진 거예요? **120**

공정무역이 뭐예요? **126**

세계 공통

핵무기는 왜 위험해요? **134**

환율이 뭐예요? **140**

해양쓰레기!
생선도 못 먹게 되나요? **146**

UN은 무슨 일을 해요? **152**

IMF, 좋은 건지 나쁜 건지 어려워요 **158**

북극에 뱃길이 생기면
좋은 거예요? **165**

들어가는 말

세계로 향하는 어린이!

"하나 되는 세계, 지구촌."

작은 마을이나 한 아파트에 모여 사는 사람들이 가족처럼 가깝게 느껴질 때가 있잖아? 지구촌이란 넓은 세계에 사는 사람들이 마치 한 마을에 함께 사는 것처럼 가깝게 느껴진다는 걸 뜻해.

우리는 집 안에서도 클릭 한 번으로 전 세계 어디든 접속할 수 있는 편리한 세상에 살고 있어. 어디 그뿐이야? 텔레비전만 켜도 유럽과 아프리카에서 일어나는 사건, 사고를 알 수 있지.

이제 더 이상 지리적 한계에 얽매이지 않고 세계 어느 곳에 있는 사람들과도 친구가 될 수 있게 된 거야. 이런 세상에서 가장 필요한 사람은 다양성을 갖춘 '글로벌 리더'야.

Global(글로벌)은 '세계의', '지구촌의'라는 뜻을 가진 단어야. Leader(리더)는 '앞장서서 여러 사람을 이끌어 가는 사람' 이라는 뜻을 갖고 있지.

　세계를 이끌어 가는 사람이 된다는 것! 참 근사한 말이지만 고개를 갸웃할 수밖에 없어. 어떻게 하면 세계를 이끌어 가는 사람이 될 수 있는지 너무 막연하기 때문이야.
　천 리 길도 한 걸음부터라고 했지? 먼저, 세계의 문제에 관심을 가져 보면 어떨까?
　"에너지 산업을 뒤흔들고 있다는 셰일가스는 도대체 뭐지?"
　"핵무기는 왜 지구의 평화를 위협하는 걸까?"
　뿐만 아니라 자유민주주의 국가에 사는 우리들로선 어리둥절한 신분제도가 인도에는 왜 아직도 남아 있는지도 알아보는 거지.

처음엔 어려울 수 있지만 조금씩 세계 문제에 관심을 기울이다 보면 세계를 생각하는 마음 '글로벌 마인드'를 갖게 되는 계기가 될 거라고 생각해.

'역사는 과거와 현재와의 끊임없는 대화.'

과거가 있기에 지금의 우리가 있을 수 있고, 현재에 사는 우리들은 역사의 영향을 받는다는 뜻이야. 그렇기 때문에 글로벌 리더가 되려면 세계의 역사와 현재를 제대로 알아야 해.

미국은 어떻게 해서 세계 강대국이 될 수 있었는지, 유럽연합이 뭔지, 인종마다 피부색은 왜 달라졌는지 궁금하지 않니?

그동안 갖고 있던 궁금증을 풀고 그것에 담긴 이야기를 알게 되면 세계를 보는 눈이 더 커지게 될 거야.

지금 세계의 많은 사람들이 관심을 갖고 있는 일들, 세계에 대해 아는 것만큼 중요한 건 '호기심'이야. 이 책에서 다루는 내용을 넘어 계속해서 궁금해 하는 마음으로 세계를 지켜본다면 진짜 글로벌 리더가 될 거라고 믿어.

 우물 안 개구리는 이제 그만! 세계로 나아가기 위해 첫 장을 열어 볼까?

 이제부터 우리는 세계로 향하는 어린이!

 이아연

유럽 · 아메리카

◆ 왜 아직 왕이 있는 나라가 있어요?
◆ 영국은 한 지붕 네 가족, 왜 그런 거예요?
◆ 스페인과 바르셀로나, 한 나라 안의 으르렁 관계
◆ 덴마크, 뚱뚱하면 세금을 더 내야 한다고?
◆ 유럽연합은 왜 있는 거예요?
◆ 미국은 어떻게 제일 힘센 나라가 되었어요?
◆ 셰일가스가 뭐예요?
◆ 남아메리카 사람들은 왜 자신들만의 언어를 안 쓰나요?

왜 아직 왕이 있는 나라가 있어요?

2011년, 영국의 윌리엄 왕자는 케이트 미들턴이란 여성과 결혼식을 치렀어. 영국의 텔레비전 방송은 결혼식을 생중계했고 전 국민은 축하해 주었지. 아직도 왕이 있는 나라에서는 종종 일어나는 일이야.

그렇다면 왕이 직접 영국을 다스리는 걸까? 영국의 왕실은 상징적인 존재일 뿐 나라를 다스리지는 않아. 나라는 각 지역을 대표하는 의원들이 모인 의회에서 선출한 내각이 다스리지.

내각은 국가의 통치 권력인 입법·행정·사법의 삼권 중

에서 행정권의 집행을 담당하는 기관이야.

　의원들은 국민이 뽑는데, 보통은 의원 수가 가장 많은 정당이 내각을 맡아. 그 내각을 대표하는 최고 책임자를 총리라고 부르고. 국민이 직접 대통령을 뽑는 우리나라와는 다

70년긴 재임했던 영국 엘리자베스 2세 여왕

르지.

영국처럼 왕이 있되 왕의 권력을 제한하고 의회 중심으로 나라를 다스리는 정치제도를 입헌군주제라고 불러. '군주'는 왕과 같은 뜻이야.

우리나라에도 수많은 왕이 있었던 것을 알고 있지? 왕이 모든 권한을 가지고 다스리는 '군주제'는 역사상 가장 오래된 통치 형태야. 옛날부터 군주의 권한은 절대적이었어.

시간이 지나 많은 사람들이 교육을 받으면서 의식이 깨어나자 군주 마음대로 나라를 다스리는 것이 부당하다고 생각하기 시작했지. 결국 전 세계에서 시민들이 혁명을 일으키면서 많은 나라들이 군주제를 없애고 국민이 주권을 가진 정치제도를 선택했단다.

여기에는 크게 두 가지 제도가 있어.

하나는 영국처럼 의회를 중심으로 총리가 나라를 다스리는 형태로 내각책임제라고 해. 다른 하나는 국민이 직접선거로 뽑은 대통령이 최고 통치자가 되는 공화제야. 우리나라는 대통령이 있으니 공화제에 해당돼.

아직도 영국, 스페인, 네덜란드 등의 유럽 국가와 일본, 태국, 말레이시아 등의 아시아 국가는 입헌군주제를 채택하고 있어. 실제는 총리가 나라를 다스리니 내각책임제 나라이기도 해. 왕실과 의회라는 두 국가기관이 함께하고 있는 거야.

중동 지역의 경우 사우디아라비아, 아랍에미리트연합(UAE), 쿠웨이트, 바레인, 오만, 카타르 등은 아직도 왕이

일본 도쿄의 왕궁. 가깝고도 먼 나라 일본에도 아직 왕이 있어.

직접 다스려. 의회는 있지만 옛날 왕국처럼 왕의 권한이 여전히 절대적이야.

국민에게 주권을 주고 있으면서도 왜 일부 국가는 아직도 왕이 있는 걸까?

입헌군주제는 한 국가의 역사를 반영해. 즉 왕이 있는 나라가 '정통성'이 있는 나라라고 강조하는 거지.

왕실은 늘 모범이 되는 데 앞장서고 국가가 위기에 빠졌을 때 국민들을 응원해. 높은 위치에 있을수록 국민에 대한 책임을 다하는 #노블레스 오블리주의 대표적인 예라고 할 수 있어.

영국의 경우, 왕위 계승 서열 1위인 윌리엄 왕자가 사관학교에 입학해 군사훈련을 받았어. 동생인 해리 왕자는 전쟁에 나가는 부대에 자원했지.

왕실에서 먼저 나서서 나라를 지킨다는 것을 보여 주고 있는 거야. 다른 입헌군주 국가도 크게 다르지 않아.

태국의 푸미폰 전 국왕은 1946년부터 2016년 죽기까지 오랜 기간 재위하며 국민들의 사랑과 존경을 받았지.

국왕의 정치적 힘은 크지 않지만 태국 각지에서 벌어지는 복지 및 환경 사업에 헌신하며 사람들의 신뢰를 얻었어. 태국 민주화 사태 때는 정부와 국민의 의견을 조정해 군부 쿠데타를 평화롭게 마무리했어.

그렇다면 오랫동안 왕이 통치했던 대한민국에서는 왜 왕이 사라지게 되었을까?

우리나라에는 조선시대까지 왕이 있었어. 일본의 침략을 받으면서 조선의 마지막 왕이었던 순종은 허수아비 신세가 되었지.

우리나라는 해방을 맞이했지만 왕가는 부활하지 못했어.

왕이 나라를 빼앗겨 백성을 구하지 못했기 때문에 왕가를 다시 세울 명분이 약했던 거야. 그런 이유로 대한민국은 현재 입헌군주제가 아닌 민주공화제를 택하고 있어.

#노블레스 오블리주

사회적인 신분이 높은 사람에게 요구되는 도덕적 의무를 이르는 말이야.

노블레스 오블리주 정신은 초기 로마시대에 왕과 귀족들이 보여 준 투철한 도덕의식과 솔선수범했던 행동에서 비롯되었어. 물론 그렇지 않은 사람도 많았지만.

현대에는 높은 위치에 있는 사람, 이를테면 돈이 많은 기업인, 입헌군주제의 왕실, 권력을 가진 정치인에게 노블레스 오블리주 정신이 요구되고 있어.

모든 사람들이 함께하기 위해서는 더 많이 가진 사람들의 솔선하는 자세가 필요하기 때문이야.

> 영국은 한 지붕 네 가족, 왜 그런 거예요?

"해가 지지 않는 나라."

식민지가 많았던 영국은 전 세계 곳곳에 영토가 있었어. 그래서 영국 본토에 밤이 찾아와도 세계 어딘가에 있는 영국 식민지에는 해가 떠 있을 거라는 걸 비유적으로 표현한 말이야.

20세기 초반만 해도 영국은 43개의 식민지를 갖고 전 세계의 4분의 1을 차지하고 있었어.

영국의 정식 명칭은 그레이트브리튼 북아일랜드 연합왕국(United Kingdom of Great Britain and Northern

Ireland)이야. 너무 길지? 그래서 UK 또는 브리튼으로 줄여서 불러.

'연합왕국'인 영국에는 여러 가족이 살고 있어. 잉글랜드, 웨일스, 스코틀랜드, 북아일랜드가 구성원이지. 영국은 어떻게 해서 한 지붕 아래 여러 나라로 이루어지게 되었을까?

아주 오랜 옛날, 영국 섬에 살던 민족은 켈트 족이야. 그런데 지금의 덴마크 지방에 살던 앵글로색슨 족이 쳐들어 와서 켈트 족을 밀어내고 현재의 잉글랜드 지역을 차지했어.

쫓겨난 켈트 족은 변방인 웨일스, 스코틀랜드, 서쪽 바다 건너의 아일랜드로 흩어졌지.

영국 남서쪽에 위치한 웨일스는 한때는 왕국이었지만 1282년 잉글랜드의 에드워드 1세와의 싸움에서 패하면서 사라지고 말았어. 이후 잉글랜드의 왕자가 다스리는 영지로 있다가 1536년 영국 연방에 합병되었지.

영국 북부 지역인 스코틀랜드는 13세기까지 잉글랜드에 밀리치 않는 국력을 갖고 있었어. 그러다가 1603년 잉글랜드와 같은 왕을 모시게 되면서 연합 관계에 들어가고, 그

100년 뒤에는 잉글랜드와 스코틀랜드의 의회가 통합되면서 연합왕국을 형성하게 되었어.

북아일랜드는 아일랜드 섬의 북동부 지역이야. 이 지역은 12세기에 잉글랜드 귀족들에게 정복되었지.

남쪽의 아일랜드 사람들은 계속해서 독립된 나라를 바라

작지만 힘 센 나라 영국과 잉글랜드 섬의 나라들.

는 '아일랜드 민족운동'을 벌였어. 영국도 결국 두 손을 들었단다.

하지만 모두가 뜻을 같이하진 않았던 모양이야. 독립을 바라는 중부와 남부 지역과는 달리 북부 지역은 자신들의 뿌리가 있는 영국 쪽에 연합되길 원했거든. 그래서 영국 연방에 들어간 지역이 북아일랜드가 되었어.

영국에서 가장 높은 비중을 차지하는 인종은 잉글랜드계야. 잉글랜드계가 비율이 높다 보니 자연스럽게 국어는 잉글랜드어, 즉 영어가 되었어.
그 외에도 스코틀랜드와 아일랜드에서 사용하는 게일어, 웨일스에서 사용하는 웨일스어가 있어.

'그레이트브리튼 북아일랜드 연합왕국'이라는 긴 이름 말고 그냥 '영국'으로 부르면 편할 텐데 왜 네 나라는 완전한 하나로 뭉치지 않는 걸까?

웨일스, 스코틀랜드, 북아일랜드는 한때 자신들을 지배했던 잉글랜드에 여전히 반감을 갖고 있어. 잉글랜드 대표팀이 프랑스와 축구 경기를 하면 스코틀랜드에서는 프랑스를 응원할 정도라고 하니 말이야.

2012년 런던올림픽에서 단일 축구팀을 만들었던 영국 섬 네 나라.

 그리고 저마다 자체적으로 언어와 문화를 유지하고 싶어 해. 그래서 영국도 굳이 싸움을 일으키는 통일 대신 자치권을 인정해 주기로 한 거야.

 세계인의 축구 축제인 월드컵을 봐도 알 수 있어. 잉글랜드, 스코틀랜드, 웨일스, 북아일랜드 각각 축구협회를 따로 가지고 있어서 월드컵에도 별도로 참가하거든.

그렇다면 다른 관점에서 질문을 던질 수 있을 거야. 영국을 미워하면서 왜 각 나라는 완전히 독립하지 않는 걸까? 네 나라가 한 나라처럼 운영되면서 문화적, 경제적, 정치적으로 많은 교류가 오갔겠지? 그러는 사이 독립의식이 많이 흐려졌어.

하지만 2014년 스코틀랜드에서 독립 주장이 있었고 찬성과 반대를 묻는 주민투표로까지 이어져 영국을 긴장시켰지. 영국은 더 많은 자치를 허용하겠다면서 스코틀랜드를 설득했어. 그 때문인지 투표 결과도 그냥 영국 연방에 남는 것으로 나왔단다.

세계 사람들은 2012년 런던올림픽 축구를 주목했어. 올림픽은 축구협회 단위로 나오는 월드컵과는 달리 나라 단위로 참가하는 대회거든. '연합왕국'을 대표하는 축구협회가 없다 보니 UK 또는 브리튼의 이름으로는 지금까지 올림픽에 참가한 적이 없었지.

하지만 올림픽 주최국이 되자 이례적으로 네 개의 축구협회가 하나의 단일팀을 구성해서 출전했어. 최초로 연합 축구 팀을 구성한 영국은 어떻게 되었을까?

 영국은 우리나라한테 승부차기 끝에 져서 8강에서 떨어졌어. 우리나라는 더 올라가 동메달을 땄고 말이야.

 올림픽에서 함께 뛰었던 네 나라. 모처럼의 단합이 지역 갈등을 해소하는 데 조금은 도움이 되지 않았을까?

스페인과 바르셀로나, 한 나라 안의 으르렁 관계

호안 미로, 살바도르 달리와 같은 화가에서부터 건축가 안토니 가우디까지! 예술가들의 탄생지, 바르셀로나는 지중해권 도시 중에서 가장 번화한 곳으로 350만 명의 사람들이 살고 있어.

스페인 제2의 도시인 바르셀로나에 가면 스페인 국기 외에 다른 깃발이 꽂혀 있는 걸 볼 수 있다고 해. 심지어 일부 사람들은 스페인어가 아닌 다른 언어를 사용하고 있지.

우리나라 사람들은 모두 한국어로 말하고 국기는 태극기

뿐이잖아? 그런데 왜 스페인에는 다른 언어와 깃발이 존재하는 걸까?

스페인의 정식 국명은 '스페인 왕국'이야. 땅은 우리나라(남한)보다 다섯 배 정도 넓고 국민의 90% 이상이 가톨릭을 믿어.

공용어인 스페인어는 중남미 나라들을 비롯하여 3억 명이 넘는 인구가 사용해 중국어, 영어에 이어 세계에서 세 번째로 많이 쓰이는 언어야.

스페인 지도에서 제일 오른쪽이 카탈루냐 지역이며, 바르셀로나는 이곳의 남쪽 해안 도시.

독립을 원하는 카탈루냐 사람들의 시위.

스페인은 과거의 여러 왕국들이 가톨릭교를 중심으로 뭉친 나라야. 각각의 왕국들은 지금도 그 당시의 이름을 쓰면서 스페인에서 자치권을 행사하고 있어. 그래서 언어, 문화적으로 다양성이 존재하고 있는 거야.

스페인에는 카스테야노어, 가예고어, 카탈란어, 바스크어, 이렇게 네 개의 언어가 존재해. 우리가 흔히 말하는 스페인어는 카스테야노어지. 하지만 바르셀로나는 카탈란어를 쓰고 카탈루냐 깃발을 꽂고 있어.

카탈루냐는 예전부터 진보적이고 발전된 지역이었어. 그래서 스페인이라는 이름에 묶여 있기보다는 독립하고 싶어 했지.

하지만 중앙정부에서는 허락하지 않았어. 카탈루냐는 스페인의 주 수입원 중 하나이고 무역의 중심지니까 말이야.

한때 스페인은 카탈루냐의 독립을 막기 위해 카탈루냐어의 사용을 금지하고 그 지역에서 자체적으로 만든 법들을 폐지하기도 했어.

정부에서 막으니까 반발심이 든 카탈루냐인들은 더욱더

바르셀로나에 휘날리는 두 깃발, 스페인 국기와 카탈루냐 기.

독립하고 싶어 했지. 정권이 바뀌면서 중앙정부는 자치권 지역들을 달래기 위해 헌법을 개정했어.

하지만 카탈루냐의 독립운동은 지금까지 이어지고 있는 상황이야. 카탈루냐인들은 자신들이 스페인에 속해 있는 것이 불합리하다고 생각하거든.

카탈루냐 지역은 첨단산업이 발달하고 농업 생산력이 높아. 덕분에 스페인 전체 총생산의 20%를 차지해. 하지만 중앙정부는 이를 덜 발전된 다른 지역을 돕는 데 사용하고 있어.

그러다 보니 카탈루냐인들의 불만이 점점 커지고 있는 거야. 일은 자신들이 더 많이 하는데 혜택은 남이 받는 상황이니 말이야. 계속해서 바르셀로나는 스페인을 향해 으르렁거릴 수밖에 없는 거지.

카탈루냐만 불만을 갖고 있는 것은 아니야. 스페인 북부 바스크 지방은 더욱 과격한 방법으로 불만을 표출하고 있어. 바스크인들은 1959년 바스크 독립을 주장하는 단체를 만들어 납치, 자살 테러, 암살, 무장 습격 등으로 중앙정부에 맞서고 있단다.

2014년 11월, 카탈루냐 자치정부는 스페인으로부터의 독립에 대한 찬성과 반대를 묻는 비공식 주민투표를 실시했어. 어떤 결과가 나왔을 것 같아?

약 200만 명이 참가한 투표에서 80.7%에 해당하는 주민들이 찬성표를 던졌어. 대다수의 사람들이 독립하고 싶어 하는 거야.

이에 탄력을 받은 카탈루냐는 어떻게든 스페인으로부터 독립하는 절차를 마무리하겠다는 구상을 발표한 상태야. 그러자 스페인 중앙정부와 유럽연합까지 반대하고 나섰어.

전통적으로 지역성이 강한 스페인은 지금도 각 지방들의 독립 요구에 골머리를 썩이고 있어. 어떤 방향이든, 테러나 무장 습격은 No! 평화롭게 해결되기를 모두가 기원해야 하지 않을까?

덴마크, 뚱뚱하면 돈을 더 내야 한다고?

　복지국가로 잘 알려진 덴마크는 2011년 세계 최초로 새로운 세금제도를 도입했어. 바로 '비만세'라는 거야.
　"뚱뚱하면 돈을 더 내야 하나요?"
　비만세라는 말만 들으면 이렇게 오해할 수 있어. 하지만 비만세는 '뚱뚱한 사람'이 아니라 '사람을 뚱뚱하게 만드는 것'에 부과하는 거야.
　비만의 주요 원인이 되는, 포화지방산이 들어가는 음식을 만드는 회사가 해당되는 거지. 그 음식을 사람이 사 먹어서 뚱뚱해지니 결국은 소비자가 비만세를 내는 것이지만 말이야.

　음식에 비만세를 부과하다니 정말 신기하지? 그렇다면 왜 이 같은 세금이 생겨나게 되었을까?

　비만이 얼마나 위험한지는 알고 있지? 외모가 뚱뚱해 보여서 문제가 아니라 체중이 많이 나가게 되면 여러 질병이 생길 수 있기 때문이야.

　무릎과 같은 관절에 무리가 갈 뿐 아니라 당뇨병이나 고혈

고열량 음식 먹으면 뚱뚱해지고 세금까지 물어야 해.

압 등이 생길 수 있어. 심해지면 위장의 일부를 잘라 내는 수술을 해야 할 수도 있지. 그런데 전 세계적으로 비만 어린이가 무려 1억 7,700명에 달한다고 해.

미국의 카이저 연구센터는 비만 때문에 어린이들의 평균 수명이 부모대보다 20년 짧아질 수도 있다는 연구 결과를 내놓았어. 세계보건기구인 #WHO는 비만을 21세기 신종 전염병으로 진단했지. 그래서 비만을 줄이기 위해 덴마크가 비만세를 도입하게 된 거야.

덴마크는 포화지방산 함유량이 2.3% 이상 되는 제품에 비만세를 적용시켰어. 포화지방은 우리 몸에서 에너지로 소비되기보다 살을 찌게 하는 것이거든. 피자, 햄버거, 식용유, 우유, 버터, 육류 등이 이에 해당되지.

만약 우리가 덴마크에서 피자를 먹고 싶다면 1kg당 16크로네, 우리 돈으로 약 3,400원의 세금을 더 내야 해.

덴마크의 비만세 도입에 자극받은 헝가리도 일명 '햄버거법'이라고 불리는 비만세를 도입했어. 헝가리는 비만의 원인이 되는 소금, 설탕, 지방의 함량이 높은 가공식품에 10포

린트, 우리 돈으로 약 55원의 세금을 부과하고 있어.

　이에 질세라 프랑스도 비만세를 매기고 있어. 청량음료 330ml 용량의 한 캔당 0.22유로센트, 우리 돈으로 약 15원의 세금을 부과하지.

　비만세는 사람들의 건강을 위해 부과하기 시작했지만 비판을 피할 수는 없어. 무엇보다 전 세계의 비만 인구 중에는 저소득층이 많기 때문이야.

소득이 적은 사람들은 영양소가 고루 들어 있는 신선식품보다는 값이 싸면서 고열량인 가공식품을 선택할 확률이 높지. 그래서 비만이 되었는데 그 음식들이 비만세 때문에 비싸진다면 저소득층의 부담이 더 커진다는 의견이야.

비만이라는 건 개인이 관리하려는 노력이 더 중요한데 정부가 세금법까지 바꾸면서 비만을 조정하려 든다면 정부의 역할이 너무 커질 것이라는 우려도 있어.

우리나라는 전 세계에서 비만 인구가 낮은 편이야. 그렇다고 해서 비만세 문제를 피해 갈 순 없어.

우리나라 사람들의 고도비만이 10년 전보다 1.6배나 늘었다고 해. 또, 계속해서 비만율이 높아지면 2025년에는 전체 인구 17명 가운데 1명이 '고도비만'이 될 것이라는 전망이 나왔어. 우리나라도 비만세 도입에 대해 고민해 봐야 한단 뜻이야.

뚱뚱하게 만드는 음식에 붙는 비만세. 우리가 건강한 식습관을 가지려고 노력한다면 비만세에 대한 고민은 하지 않아도 될 거야!

#WHO

'세계보건기구, World Health Organization.'
세계보건기구는 인류의 건강을 지키기 위해 세계 여러 나라가 힘을 합쳐 만든 단체야. 이곳에서는 몸도 건강하고 마음도 건강할 수 있는 방법을 연구해.
예를 들어 전 세계적으로 전염병이 돌거나 원인 모를 질병이 발생하면 원인을 연구해 백신을 만드는 거지. 서로 힘을 모아서 해결 방법을 찾는 거야.
뿐만 아니라 가난한 나라에는 약이나 식량을 지원해 주기도 해. 사람의 가치는 돈에 따라 정해지는 것이 아니고 모두 건강할 권리가 있으니까!

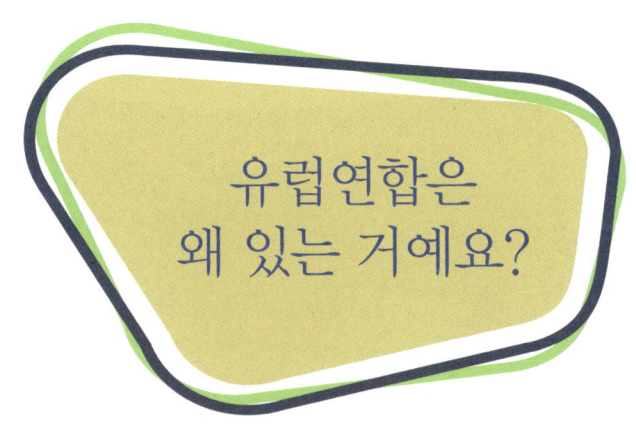

유럽연합은 왜 있는 거예요?

유럽연합 깃발에서 청색은 땅을, 원형의 황금별은 시민의 단결을 의미해. 별이 12개인 이유는 숫자 12가 완전함과 통일을 상징하기 때문이래.

이것은 한 나라의 국기가 아니야. 27개의 나라가 함께 쓰는 '연합기'야.

'European Union.'

EU라고 불리는 유럽연합은 유럽을 하나로 만든다는 뜻의 경제적 공동체야. 나라마다 자존심이 세기로 유명한 유럽이 무슨 이유로 힘을 합치게 되었을까?

유럽연합의 깃발.

　오랫동안 앙숙이었던 프랑스와 독일은 서로 많이 갖고 있는 것을 나누기로 했어. 독일은 석탄이 많고 프랑스는 철이 많지. 독일과 프랑스가 경제적으로 손을 잡자 이탈리아, 벨기에, 네덜란드도 함께하기로 했어.
　"유럽 모두가 손을 잡자!"
　경제적 협력으로 이득을 본 유럽의 나라들은 경제 발전과 보다 나은 사회를 만들기 위해 서로 힘을 합치기로 한 거야. 그래서 유럽연합이 생겨나게 되었단다.

　1991년 12월에 출범한 유럽연합은 많은 것들을 공유하고 있어. 나라를 지키는 정책인 방위법도 같이 고치고 세금도 통일했지.

그리고 '유럽 시민권 제도'를 도입해서 회원국 국민의 권리와 이익을 보호하고 있어. 유럽연합의 회원국 사람이라면 유럽 어디서든 같은 화폐로 물건을 사고 원하는 직장을 가질 수 있게 된 거야.

유럽연합은 경제적으로 더욱 통일하기 위해 하나의 화폐인 '유로'를 만들었어. 2002년부터 유로의 사용으로 유럽연합 국가들 간의 거래가 활발해지면서 유로는 미국의 달러에 버금가는 역할을 하기 시작했어. 국가들끼리 힘을 합치니 세계 경제의 주인이라고 자신하던 미국도 긴장하게 되었지 뭐야.

2022년 기준으로 유럽연합의 인구는 약 4억 6,000만 명이야. 수많은 사람들이 유로를 쓰고 서로의 물품을 자유롭게 이용하며 유럽이란 큰 무대에서 일을 하고 있는 거란다. 하지만 유럽연합도 해결해야 할 과제를 안고 있어.

12개국으로 시작한 유럽연합은 현재 27개국이 가입해 있고 터키, 아이슬란드, 세르비아를 가입 후보국으로 두고 있어. 그런데 2000년대부터 서유럽에 비해 가난한 동유럽 국

가치가 날로 높아지고 있는 유로화.

가들이 가입하면서 국가 간의 경제적 수준 차이가 커져 버린 거야.

그러다 보니 통합에 어려움을 느끼고 있어. 또, 유럽끼리 경제적으로 연대하는 것에 반대하는 나라와 사람들이 있어. 유럽연합은 앞으로도 풀어야 할 숙제가 많아.

아시아에도 유럽연합 같은 경제적 공동체가 있어. 아시

아·태평양 경제협력체라고 불리는 '에이펙(APEC)'이야.

APEC은 회원국 간 경제적, 사회적, 문화적 차이를 극복하고 서로 경제 성장에 기여하는 것을 목적으로 해. 유럽연합처럼 화폐까지 통일한 것은 아니지만 전 세계 교역량의 46%를 점유하고 있는 세계 최대의 지역 협력체야. 우리나라를 포함해 총 21개국이 가입해 있어.

"세계는 하나의 시장."

세계의 각 나라들은 치열한 경쟁을 벌이고 있어. 그래서 여러 나라들은 지역적으로 가까운 곳끼리 경제 공동체나 협력체를 계속해서 만들어 갈 거야.

미국은 어떻게 제일 힘센 나라가 되었어요?

세계에서 러시아, 캐나다에 이어 세 번째로 면적이 넓고 약 3억 1,384만 명의 인구가 살고 있는 나라인 미국!

정식 명칭은 아메리카합중국(The United States of America)이고 줄여서 U.S 또는 U.S.A라고도 불러.

미국은 세계에서 가장 힘센 나라로 이름을 날리고 있어. 하지만 원래 미국이 영국의 식민지였다는 걸 아니? 독립한 지 250년 남짓밖에 되지 않았고 말이지.

다른 나라의 식민지였던 미국이 어떻게 지금의 위치에 오를 수 있었을까?

 1776년, 미국은 영국의 식민지에서 벗어나 독립했어. 하지만 싸움은 끝나지 않았어. 영국과의 싸움이 끝나니 미국 내에서 싸움이 벌어진 거야.

미국 건국 시기 모습.

공업화에서 앞선 북부와 큰 농장이 많은 남부가 경제 교류, 노예제도 폐지 등을 두고 대립하다가 급기야 전쟁까지 하게 되었는데, 북부군이 승리하면서 끝났어. 이로써 전 미국이 제대로 통일되는 기틀이 마련된 거야.

미국의 국기인 성조기를 보면 이를 확인할 수 있어. 처음엔 성조기에 새겨진 별이 13개였어. 건국에 참여한 13개 주

미국의 진정한 통일을 가져온 남북전쟁.

를 의미하지. 하지만 남북전쟁 이후 미국연방에 가담하는 주가 늘 때마다 별을 추가해 현재의 50개가 된 거란다.

 미국은 자신의 땅으로 오는 사람들을 막지 않았어. '기회의 땅', '개척정신'은 미국을 성장시킨 원동력이야.

 덕분에 미국은 백인, 흑인, 중남미인, 아시아인, 원주민들이 고루 섞여 살아가는 세계 최대의 이민 국가가 되었지.

 인구가 많아지자 미국은 대규모 사업을 벌일 수 있었어. 사람과 물자를 많이 필요로 하는 사업 말이야. 철도, 공장, 댐 건설 등이 그 예야.

 세계 각지에서 온 사람들이 힘을 합치니 미국은 다른 나라보다 빠르게 산업혁명을 이룰 수 있었단다.

 앞에서도 말했듯 미국은 50개의 주로 이루어져 있어. 미국은 하나의 국가이긴 하지만 50개의 주에 독립성을 주고 있지.

 헌법은 지키지만 그 외의 법은 각 주마다 조금씩 다를 정도야. 50개의 주가 서로 경쟁하고 앞서가려 노력한 것이 미국을 더욱 빨리 발전하게 만들었어.

 수많은 이민자들로 인구를 늘리고 각 지역의 독립성을 보

전쟁을 통해 강대국으로 발돋움한 미국.

장한 미국이 세계에서 가장 강한 나라로 발돋움할 계기가 생겼어. 바로 '전쟁'이 터진 거야.

20세기 들어 유럽 국가들은 발전할 만큼 발전한 상태였어. 하지만 뒤늦게 산업혁명이 일어난 독일만 적당한 식민지가 없었지.

독일도 다른 유럽 나라처럼 아프리카 등지에 식민지를 갖고 싶어 했고, 이 과정에 이익이 충돌되는 영국과 프랑스가 독일을 막고 나섰어. 1914년에 터진 제1차 세계대전의 실질적인 배경이야.

미국은 어느 나라의 편도 들지 않았어. 대신 중립국인 이 점을 활용해 무기와 물자가 필요한 나라와 무역을 하여 막대한 돈을 벌어 들였지.

이를 안 독일은 미국의 민간인 배를 침몰시켰어. 다른 국가에 무기를 팔 수 없게 말이지. 미국은 결국 독일에 전쟁을 선포하고 군대를 보냈어.

미국이 큰 대륙에서 나오는 풍부한 자원을 무기로 독일에 대응하자 한정된 물자와 군사를 가진 독일은 치명타를 입을 수밖에 없었어. 결국 완전히 밀린 독일은 항복했지.

전쟁의 경험을 통해 미국은 군사력을 키웠고 세계적으로도 강대국의 입지를 세우게 되었어.

1939년 독일과 이탈리아, 일본이 일으킨 제2차 세계대전도 비슷한 결과를 가져왔어. 이번엔 미국이 영국, 프랑스, 소련 등과 힘을 합쳐 연합군을 이끌었지. 결국 연합군의 승리로 전쟁은 끝났고 말이야.

전쟁 기간 동안 미국은 무기 산업을 발전시킬 수 있었단다. 두 번의 전쟁이 미국을 세계에서 가장 힘센 나라로 떠오르게 하는 날개 역할을 했던 거야.

그리고 달러가 국제 통화로 인정받자 미국은 세계 금융의 중심이 되었어. 각기 다른 화폐를 가진 나라들이 거래하자니 그간 얼마나 어려웠겠어? 하지만 달러가 국제적으로 쓰이면서 다들 달러로 거래를 하기 시작한 거야.

그러다 보니 달러의 가치는 높아지고 미국은 계속해서 부자가 될 수밖에 없었던 거지. 유럽의 경우만 해도 유로가 생기기 전에는 미국의 달러를 이용했으니 말이야.

3억의 인구, 한반도 40배의 영토, 세계 경제의 25%를 차지하는 미국이라는 존재는 세계 속에 우뚝 자리를 잡고 있어.

"석유는 언젠가 바닥나게 되어 있다."

주 에너지원 중 하나인 석유의 양이 정해져 있는 만큼, 전 세계의 나라들은 석유를 대체할 에너지를 찾느라 골머리를 앓고 있어.

국제에너지기구는 2020년대에는 최대 에너지 생산국이 미국이 될 것이라고 전망했어. 미국이 셰일가스를 본격적으로 개발하기 시작했기 때문이야.

그러자 너도 나도 1등을 차지하기 위해 셰일가스 개발에 나섰어. 세계의 산업과 경제를 뒤흔들고 있는 셰일가스는 도

대체 무엇일까?

 셰일가스는 진흙이 쌓여서 만들어진 층, 즉 '셰일층'에 존재하는 천연가스를 말해. 셰일가스는 발전용으로 사용 가능한 메탄가스 70~90%, 석유화학의 원료로 쓰이는 에탄올 5%로 구성되어 있어. 그 밖에도 천연가스와 유사한 성분의 가스들이 섞여 있어.

 오래전부터 사람들은 셰일가스의 존재를 알고 있었지만 굳이 뽑아내지 않았어. 셰일층을 뚫고 가스를 뽑아내는 일이

세계는
에너지 경쟁 중.

복잡하고 돈이 많이 들거든.

그런데 이제는 셰일가스를 쉽게 뽑아내는 방법을 찾게 된 거야. 물과 화학 요소가 섞인 물질로 셰일층을 부수는 기술을 통해서 말이야.

셰일가스는 석유에 비해 가격이 싸고 전 세계 각 지역에 풍부하게 매장되어 있어서 세계 경제를 끌어올릴 원동력이 될 것으로 기대되고 있어. 지금까지 조사된 매장량은 약 187조 4,000억㎥ 정도야. 이는 전 세계가 60년 동안 사용할 수 있을 어마어마한 양이라고 하니, 세계가 주목할 만하지?

셰일가스로 인해 에너지 공급량이 늘어나면서 천연가스의 가격은 떨어지고 있어. 덕분에 세계 에너지 시장은 오랜만에 안정을 찾게 되었어.

90% 이상의 에너지를 수입하는 우리나라도 셰일가스 덕을 보고 있어. 에너지의 가격이 싸졌으니 에너지를 많이 쓰는 산업의 발전도 기대할 수 있게 된 거지.

여러 장점을 가졌음에도 셰일가스 개발은 아직 문제들을 안고 있어. 그중 하나는 환경을 파괴한다는 점이야.

셰일가스를 추출할 때는 물이 반드시 필요해. 물과 화학 요소를 섞어서 셰일층을 깨기 때문이야.

1개의 셰일가스 시추공을 개발할 때 필요한 물은 7,000~2만 3,000리터 정도라고 해. 전 세계 셰일유전 분포 지역 3분의 1 이상이 물이 부족한 곳인데, 셰일가스 개발이 계속된다면 물 부족을 악화시킬 수 있다는 거야.

셰일층을 파괴하는 데 쓰는 물에 넣는 화학물질은 지하수를 오염시키는 원인이 되고 있어. 또, 셰일가스의 주요 성분인 메탄가스는 대기를 오염시켜 #온실효과를 심하게 해.

문제는 그뿐만이 아니야. 셰일가스를 추출하는 과정에서 땅이 많이 흔들려 지진을 일으킨다는 의견도 나오고 있어.

셰일가스 개발을 찬성하는 입장에서는 석탄과 비교했을 때 셰일가스가 온실가스를 덜 배출한다고 분석했어. 지구온난화의 원인이 되는 온실가스 면에서는 셰일가스가 유리하다는 거지.

환경 파괴의 문제는 조금 더 연구해 봐야 할 부분으로 남아 있는 상태야.

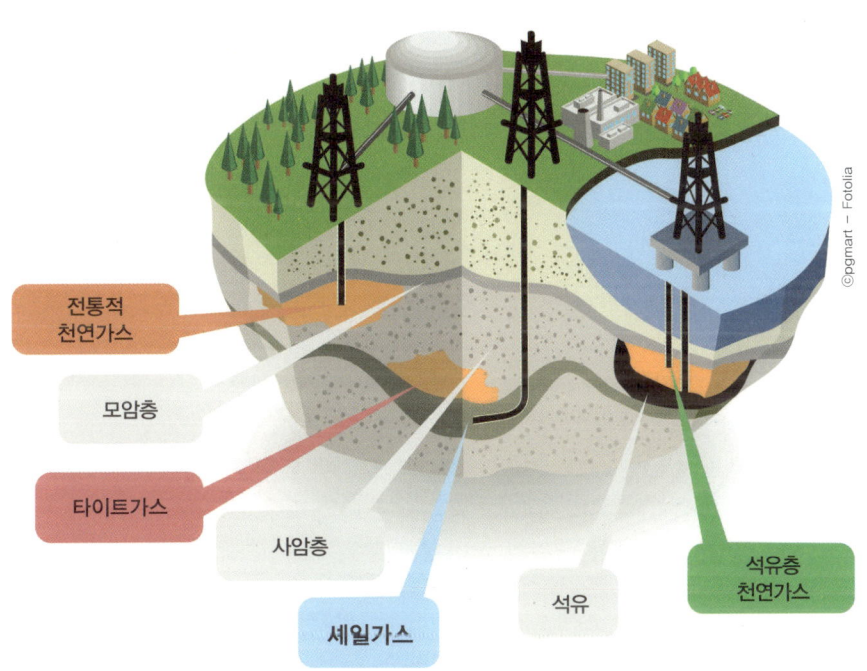

셰일가스는 천연가스와 석유층보다 더 아래 있어요.

55

#온실효과

우리가 살고 있는 지구의 평균온도는 섭씨 15℃ 정도야.

만약 금성처럼 너무 뜨겁거나 화성처럼 너무 추웠다면 생명체가 살아가기 어려웠을 거야. 이렇게 온도를 유지할 수 있는 건 온실효과 덕분이야.

온실효과란 이산화탄소 같은 가스가 지구에 있는 열이 밖으로 빠져나가지 못하도록 막아서 지구의 평균 기온을 유지해 주는 작용이야. 만약 온실효과가 없다면 지구의 평균 기온이 영하 20℃ 정도로 낮아져서 생명체는 모두 얼어 죽고 말 거야.

온실효과를 일으키는 기체로는 이산화탄소, 수증기, 메탄, 프레온가스, 오존 등이 있어. 이 중 가장 큰 영향을 미치는 것은 이산화탄소야.

문제는 최근에 이로 인한 온실가스가 너무 많다는 거야. 석탄, 석유의 사용이 증가함에 따라 이산화탄소의 배출량이 급격히 많아져 지구온난화가 심각해지고 있어.

기상 변화로 생태계가 변하고, 빙하가 녹으면서 해수면이 높아지는 등 심각한 문제가 발생하고 있단다.

남아메리카 사람들은 왜 자신들만의 언어를 안 쓰나요?

 모든 나라에는 자신만의 언어가 있어. 우리나라에 한글이 있고 일본에 일본어가 있듯이 말이야. 하지만 남아메리카 사람들에게는 자신들만의 언어가 없어.
 브라질은 포르투갈어를 쓰고 그 밖의 남아메리카 사람들은 스페인어를 써. 그들을 지배한 식민 국가가 포르투갈과 스페인이었거든.
 하지만 스페인과 미국의 식민 지배를 겪은 필리핀은 고유 언어인 타길로그이를 갖고 있어. 네덜란드의 식민 지배를 겪

멕시코 2,300m 산 위에 있는 아즈텍 유적지, 테오티우아칸.

©Aleksandar Todorovic - Fotolia

은 인도네시아도 인도네시아어를 쓰지. 그런데 왜 남아메리카 사람들만 고유 언어가 없을까?

고대의 남아메리카에는 다양한 문명이 존재했어. #마야 문명, 아즈텍 문명, 잉카 문명이 대표적인 예야.

문명을 배경으로 각 국가의 지도자는 강력한 힘을 갖고 있었어. 지도자 밑에는 신하들과 국민들이 있었지.

그러한 남아메리카 고유의 문명이 사라지게 된 것은 유럽인들 때문이야.

500여 년 전, 스페인과 포르투갈은 남아메리카 대륙을 정복하기 시작했어. 이제껏 보지 못한 신식 무기를 들고 온 유럽인들을 남아메리카 사람들이 어떻게 이길 수 있었겠어?

대표적인 예로 스페인의 탐험가 프란치스코 피사로를 들 수 있어. 피사로는 남아메리카에 황금으로 가득 찬 나라가 있다는 소문을 들었어. 그곳은 바로 지금의 페루 지역에 있던 잉카 제국이었지.

피사로는 말 30여 마리를 이끌고 180명의 부하와 함께 잉가 제국에 닿았어. 잉카인들은 그들을 크게

경계하지 않았어. 수가 너무 적다고 생각했거든.

피사로는 잉카 제국의 황제를 만난 자리에서 대포와 총을 쏘았어. 무기의 엄청난 파괴력에 잉카 사람들은 죽임을 당하거나 도망을 쳤어. 한 나라가 쉽게 무너지고 만 거야.

남아메리카를 점령한 유럽 사람들은 서둘러서 농장을 차리고 설탕의 원료인 사탕수수와 커피 등을 키웠어.

남미에서 유일하게 포르투갈어를 쓰는 브라질.

그럼 이러한 농작물을 키우기 위해서 누가 동원되었겠어? 남아메리카의 원주민들은 밤낮으로 노동을 착취당했어.

유럽인들은 농작물을 더 많이 키우기 위해 다른 대륙에서도 사람들을 데려왔단다. 아프리카 대륙의 흑인, 태평양을 건너온 동양인들이 노예로 일하게 되었지. 그래서 남아메리카에는 아직도 다양한 인종들이 살고 있는 거야.

브라질은 1500년대 초반부터 1700년대 후반까지, 거의 200년이 넘는 세월 동안 포르투갈의 식민지였어. 남아메리카의 다른 나라들은 스페인의 지배를 받았지.

200년이란 시간은 거의 여섯 세대, 즉 고조할아버지부터 손자까지의 세대라고 할 수 있어. 이 세대들이 다 포르투갈어와 스페인어를 썼기 때문에 자연스럽게 고유 언어는 사라지고 식민지 언어만 남게 된 거야.

현재 남아메리카 인구의 3분의 2는 스페인어를 쓰고 나머지 3분의 1은 포르투갈어를 사용하고 있어. 남아 있는 건축물과 도시의 설계 방식도 스페인, 포르투갈과 비슷해.

남아메리카 인구의 97%는 가톨릭 신자야. 스페인과 포르투갈이 그렇듯이 말이야. 언어뿐만 아니라 문화까지 깊이 스며든 거지. 물론 원주민이 모두 사라진 것은 아니야.

볼리비아, 페루, 에콰도르 등에서는 아직도 원주민들이 고유의 언어, 의복, 전통을 유지하고 있어. 하지만 이를 이어받는 사람이 없기 때문에 언제까지 전통이 이어질지는 확실하지 않아.

#마야 문명, 아즈텍 문명, 잉카 문명

마야인들은 1세기 이후 멕시코의 유카탄 반도에서 문명을 탄생시켰어.
다른 문명과 달리 열대 밀림에 도시를 세우고, 여러 부족들이 도시국가 형태를 이루고 살았지. 이 문명이 바로 마야 문명이야.
마야 문명은 수학과 천문학으로 유명해. 그들은 1년이 365일이라고 밝혀내기도 했어. 안타깝게도 9세기를 넘기면서 사라졌지만 말이야.
아즈텍 문명은 마야 문명의 영향을 받아 세워졌어. 종교를 매우 중요하게 생각한 아즈텍인들은 신을 숭배하기 위해 웅장한 사원과 피라미드를 만들었지.
스페인의 침략에 아즈텍 문명은 폐허가 되고 말았지만 이때 만들어진 종교 유적지는 지금도 남아 있어.
잉카 문명은 페루와 칠레 지역에서 성장했어. 잉카인들은 계단식 밭을 만들어 농사를 지었지. 그리고 전국에 걸쳐 3만km가 넘는 길을 만들어 넓은 영토가 하나로 이어지게 했어.
덕분에 잉키 문명은 15세기 남아메리카를 지배할 수 있었어.
잉카 문명이 힘을 잃어 가던 무렵, 피사로가 이끄는 군대가 잉카 제국을 공격했어. 결국 1533년 잉카 문명은 멸망하고 말았단다.

아시아

◆ 중국이 원래 세계 최고 경제 대국이었다고요?
◆ 싱가포르는 어떻게 부자가 되었어요?
◆ 인도에는 왜 신분제도가 있어요?
◆ 손으로 밥 먹는 나라, 괜찮은 거예요?
◆ 다문화가정도 한 민족인가요?

> **중국이 원래 세계 최고 경제대국이었다고요?**

세계에서 인구가 가장 많은 나라가 어딘지 알고 있니? 정답은 바로 중국이야!

중국에는 13억 5,500만 명이 넘는 사람이 살고 있어. 세계 인구가 70억 명 정도이니 인구의 5명 중 한 명이 중국 사람인 거지.

중국은 러시아와 캐나다, 미국에 이어 네 번째로 큰 땅을 자랑하고 있어. 물론 큰 땅과 많은 인구가 중국의 전부는 아니야. 중국은 어떤 나라보다도 오랜 역사를 지니고 있어.

중국의 문명은 기원전 수천 년 전에 황하강을 중심으로 시작되었어. 중국은 농사를 짓기 좋은 땅을 충분히 갖고 있었기 때문에 더욱 빨리 발전할 수 있었단다.

 일찍 문명이 일어선 덕분에 중국은 여러 방면에서 훌륭한 기술력을 지니게 되었어. 종이, 인쇄술, 나침반, 화약을 발명

중국의 전성기를 열었던 청나라 4대 황제 강희제.

한 나라도 중국이란다. 뿐만 아니라 배를 만드는 조선술, 배를 운전하는 항해술 등을 발전시켰어.

　나침반을 든 중국 사람들은 배에 화약을 싣고 전 세계를 누볐어. 어느 곳도 두렵지 않았지. 15세기 초, 명나라의 제독이던 정화는 62척의 배와 2만 7,800명의 선원을 거느리고 동남아시아와 인도, 아라비아를 거쳐 아프리카까지 나아가 해상 영향권을 넓혔어. 이는 아메리카 대륙을 발견한 콜럼버

부활한 경제대국 중국.

스보다 훨씬 앞선 일이야.

중국의 엄청난 인구와 발전된 경제와 문화는 유럽의 관심을 끌었어. 유럽의 상인들은 막대한 은을 주고 중국에서 비단, 도자기, 차 등을 수입했지.

그러자 중국 문화는 유럽인들의 생활과 문화에 영향을 끼치기 시작했어. 17~18세기에 만들어진 유럽의 궁전에는 중국의 자기로 장식한 방들이 많았다고 해.

유럽의 왕들은 축제가 있으면 가면극을 열고 중국의 전통 의상을 걸쳤어. 방에 있는 침대에는 중국인의 모습을 그려 넣었지. 유럽인들에게 중국은 신비한 물건을 만드는 선진 국가였던 거야.

1800년대 초반, 중국은 세계 최고의 경제 대국 중 하나가 되었어. 그때도 월등했던 인구 3억 5,000만 명이 일으킨 생산력 덕분이지.

옛날 자료라 분명하지는 않지만 청나라 때였던 1820년 국민 총 생산액이 세계 총 생산액의 30%를 차지했다고 해.

이러한 자신감으로 중국 사람들은 자신들이 세계의 중심이라고 생각했어. 틀린 말은 아니지 않아? 모두가 중국을 주목했으니 말이야.

지리적으로 가까운 우리나라도 큰 영향을 받았어. 정치, 문화, 언어, 종교 등 여러 방면에서 말이지. 우리가 한자를 쓰는 것도 한 예로 들 수 있어.

언제까지나 계속될 것 같았던 중국의 부흥은 청나라 말기에 오면서 끝나고 말았어. 중국이 무너진 배경에는 다양한

경제발전 못지않게 전통도 잘 보존하고 있는 중국 상하이.

이유가 있어.

중국은 세계 강대국이라는 높은 자부심을 갖고 있었어. 그래서 주변 국가들을 중국보다 교육 수준도 낮고 배울 것이 없다고 여겼지. 즉, '우물 안 개구리'가 되어 버린 거야. 이는 청나라 6대 황제였던 건륭제가 영국 왕 조지 3세에게 보낸 편지에서 살펴볼 수 있어.

"그대 영국 왕은 바다 건너 먼 곳에서 문명의 혜택을 받아 볼까 하여 짐에게 사신을 보내 청원서를 바쳤도다. 우리 문명을 배우려는 뜻은 알겠으나 소용없는 일일 것이로다. 짐의 나라에는 없는 것이 없어 그대 나라와 교역을 해야 할 이유가 없노라."

하나의 문자를 사용하고 오랫동안 왕조를 이어 온 중국과 달리 서양 국가들은 끝없이 경쟁을 했어.

그 과정에 '산업혁명'을 통해 경제적, 군사적으로 큰 발전을 이루게 되었지. 중국이 혼자서 세계의 중심이라고 생각할 때 서양은 무시무시한 힘을 키우고 있었던 거야.

중국은 그런 변화에 발맞추지 못했고, 건륭제 이후 정부가 부패하며 연이어 민란이 일어나 국력마서 약해졌어.

신하들은 자기 욕심을 채우느라 무기와 식량을 빼돌렸고, 군사들을 훈련시키는 일도 게을리 했어. 사람들 사이에선 서양에서 수입된 마약인 아편도 유행했지.

그때 아편을 팔던 영국과의 분쟁으로 1840년엔 아편전쟁이 일어났는데, 중국은 20척도 안 되는 영국 함대에 지고 말았어. 이후 일본의 침략까지 받으며 중국은 세계 경제무대에서 사라져 간 거야.

그렇다면 지금의 중국은 어떨까?

"잠들어 있던 사자가 깨어나 밀림의 왕으로 돌아왔다!"

1978년, 중국은 개혁개방을 시작하면서 빠르게 경제 성장을 이뤘어. 그리고 2001년에 세계무역기구에 가입하면서 개발할 것이 많은 시장으로 세계의 주목을 받았지.

2010년, 중국은 미국에 이은 세계 2위의 경제 강국으로 다시 우뚝 섰어. 아픈 역사를 딛고 일어난 중국은 세계 최고의 경제 대국이 되는 그날을 손꼽아 기다리고 있는지도 몰라.

요즘 세계 경제학자들은 중국이 미국을 이기는 날이 언제 올지 점치는 중이야.

싱가포르는 어떻게 부자가 되었어요?

"국가경쟁력 2위."

국가경쟁력이란 '그 나라 산업의 생산성과 국제적인 경쟁력'을 말해. 스위스 국제경영개발원(IMD)이 측정하는 국가경쟁력 순위에서 싱가포르는 1994년 이후 늘 상위권을 차지하고 있어.

경제 대국인 미국, 독일, 일본보다 위이니 싱가포르의 경쟁력이 얼마나 앞서가는지 알겠지?

그 밖에도 싱가포르를 돋보이게 하는 말은 많아. 세계 1위의 항만시설과 금융시장, 세계에서 기업하기 제일 좋은 국가, 1인당 국민소득 세계 3위 등 온갖 수식어가 싱가포르를 따라다니지.

　우리나라의 수도인 서울보다 1.15배 크고 제주도보다도 작은 나라 싱가포르는 어떻게 해서 일류 국가가 될 수 있었을까?

　역사적으로 말레이시아의 일부였던 싱가포르는 1819년 영국이 무역의 중심지로 사용하기 위해 개발한 도시였어. 싱가포르의 위치가 동쪽과 서쪽을 오가기 좋은 해운 교통의 중심

말레이시아 끝에 붙어 있는 섬인 싱가포르.

에 있거든.

영국에 이어 일본의 식민 지배를 받았던 싱가포르는 1958년 독립해 자치정부를 만들었어. 그러다가 1963년 말레이시아 연방의 한 도시로 들어가게 되었단다.

싱가포르는 말레이시아라는 큰 무대에서 성장하길 바랐지만 말레이시아는 싱가포르를 위한 자리를 내주지 않았어.

가장 큰 이유는 인종 문제였지. 싱가포르 사람들은 대부분이 중국계이지만 말레이시아는 말레이인이 대부분이거든.

팔은 안으로 굽는다고 하지? 당시 말레이시아 총리는 말레이인을 우대하고 그 밖의 민족은 신경 쓰지 않았어.

그러자 싱가포르에서는 인종 문제로 폭동까지 발생하게 된 거야. 결국 1965년 8월 9일 싱가포르는 말레이시아에서 독립하게 되었어.

싱가포르는 깊은 고민에 빠졌어. 땅은 작고 인구는 고작 100만 명밖에 되지 않았거든. 인구도 중국인, 말레이인, 인도인 등으로 구성이 복잡했지. 이러한 조건으로 어떻게 발전을 해 나가야 할지 막막했어.

싱가포르는 독립국가라는 것을 확실히 하기 위해 헌법을 개

싱가포르의 명물인 마리나베이샌즈 호텔. 57층 꼭대기에 수영장이 있다.

정했어. '싱가포르공화국'으로 나라 이름도 고치고 말이야.

싱가포르는 다양한 인종으로 구성된 국민을 끌어안았어. 그리고 민족과 배경 때문에 불이익을 받는 일이 없도록 노력했단다. 민족 출신에 따라 의사소통 문제가 생기자 공용어를 영어로 정했을 정도야.

싱가포르는 부족한 자원을 대체할 수 있는 유일한 것은 '인재'라고 생각했어. 세계 일류 국가가 되기 위해서는 세계 최고의 인재를 길러 내야 한다고 판단했지.

그런 이유로 싱가포르 사람들은 자녀가 아주 어릴 때부터 교육에 신경을 써. 싱가포르의 아이들은 여섯 살이 되면 초등학교에 입학해. 그곳에서 아이들은 철저히 능력 중심으로 배워.

만약 공부에 재능이 있으면 공부를 하는 거고, 예술이나 기술에 재능이 있으면 그 부분을 배우는 거지.

싱가포르는 다양한 직업이 얼마나 중요한지 철저하게 교육한다고 해.

편지를 배달하는 집배원이든, 나라 일을 보는 공무원이든 싱가포르 사회에 필요하다고 교육받기 때문에 일을 하는 사람 모두가 자부심을 가지게 되는 거지. 자신이 하는 일이 사회와 국가 발전에 꼭 필요하다고 생각하기 때문이야.

이렇게 키워 낸 인재를 토대로 싱가포르는 지리적 이점을 살린 해운업, 중계무역, 금융업, 관광업 등을 발전시켰어. 그 결과가 궁금하지 않니?

싱가포르는 불과 40여 년 만에 선진국 대열에 올라섰어. 2022년 기준 1인당 국민소득이 6만 6,000달러로 세계 8위

싱가포르는 중계무역과 해운업으로 부자 나라가 되었어.

야. 대단한 발전이지?

싱가포르가 일류 국가가 될 수 있었던 또 하나의 이유로 '부정부패 추방'을 들 수 있어.

만약 정치인이 갖고 있는 재산의 정당한 출처를 밝히지 못하면 유죄 판결을 받게 돼. 그리고 부정부패로 재산을 모은 증거가 조금이라도 나오면 전 재산을 뺏기게 된단다.

그 결과 싱가포르 사람들은 정부와 정치인을 믿고, 정부도 보다 깨끗한 정치를 하기 위해 노력하게 되었어.

말레이시아가 버린 작은 나라, 싱가포르. 한때는 사라질지도 모르는 위기 국가였지만 지금은 초일류 국가로 거듭나 이름을 뽐내고 있어.

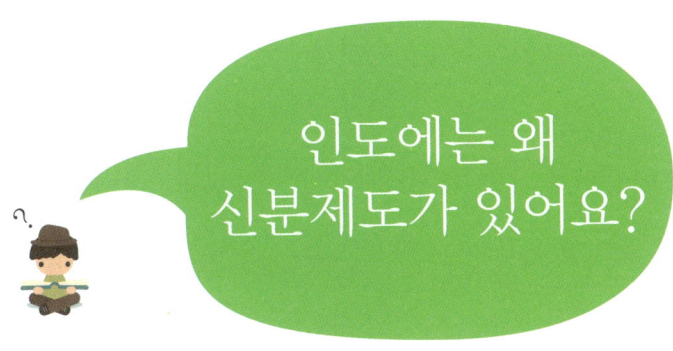

인도에는 왜 신분제도가 있어요?

"나마스떼!(안녕하세요!)"

세계에서 일곱 번째로 땅이 크고, 인구는 두 번째로 많은 나라, 인도! 인도의 면적이 우리나라 면적의 33배가 넘는다고 하면 얼마나 큰지 상상이 가니?

12억 명이 사는 나라답게 인도에는 다양성이 넘쳐 난단다. 한 민족인 우리나라와는 달리 인도는 인도아리안, 드라비다족, 몽고족 등 여러 민족으로 구성되어 있어. 뿐만 아니라 종교도 힌두교, 이슬람교, 기독교, 불교 등으로 다양해.

인도 사람들은 각기 다른 특성들을 하나로 합치는 것보다는 다양성을 인정하며 살아가고 있단다.

인도는 민주주의 국가야. 모든 사람들에게 평등할 권리가 보장되어 있는 셈이지.

하지만 현실은 그렇지가 않아. 특정 계층만 권리를 누리며 살고 있어. 그건 '카스트' 라는 신분제도가 인도 사람들의 삶

태어나면서부터 신분제도 속에 살아야 하는 인도 사람들.

에 깊게 뿌리를 내리고 있기 때문이란다.

　카스트제도는 기원전 1000년경 인도에 침입한 아리아인이 만들었다고 알려져 있어.
　그들은 직업에 따라 종교적인 일을 담당하는 브라만, 정치와 군대의 일을 담당하는 크샤트리아, 상업과 농업을 담

부릉부릉! 인도에서 흔하게 볼 수 있는 릭샤.

당하는 바이샤, 천민과 노예를 담당하는 수드라로 신분을 나누었어.

카스트제도가 생겨난 뒤로 사람들은 같은 신분인 사람과만 결혼할 수 있게 되었어. 같은 직업을 가진 사람들끼리 결혼했을 때 일을 더 많이, 더 잘해 낼 수 있다고 생각했던 거야.

카스트제도는 인도 사회를 안정시키고 사람 사이를 끈끈하게 만드는 데는 도움이 되었지만 시간이 지나면서 그 뜻이 변하고 말았어. 지금은 인권을 침해하고 사회를 정체시키는 부정적인 영향이 더 크단다.

오늘날 인도에서 공무원, 교수 등의 직업은 브라만, 크샤트리아 계급이 주로 맡고 있어. 신분이 낮은 하층민은 빨래, 청소 같은 허드렛일이나 인도의 교통수단 중 하나인 #릭샤를 몰며 생계를 유지하지.

네 개의 계급 이외에도 '파라야' 라는 계급이 있어. 이 계급은 천민 계급인 수드라보다도 아래라서 다른 계급과는 몸이 닿으면 안 될 정도로 천한 신분으로 취급당하고 있어. 인도 사람들 중 4분의 1인 3억 명이 파라야에 해당된단다.

#릭샤

동남아시아에서 주로 볼 수 있는 교통수단으로, 이름은 일본어 '리키샤(力車)'의 발음이 변해서 생겼다고 해. 원래는 수레에 손님을 태우고 사람이 끄는 인력거를 뜻하지만 오토바이나 자전거에 손님 자리를 연결시킨 다양한 형태가 있어.

그럼 여기서 질문! 카스트제도 속에서 우리 같은 외국인은 무슨 등급일까?

원래 외국인은 등급을 매길 수 없어서 파라야, 즉 가장 천민으로 분류돼. 그렇다고 해서 인도에 가는 걸 너무 걱정할 필요는 없어. 인도는 관광객들이 많이 찾는 여행지이기 때문에 실제로 외국인을 천민 취급하진 않으니까!

물론 카스트제도를 개선하기 위한 노력이 없었던 것은 아니야. #마하트마 간디를 포함한 많은 사회개혁 운동가들은 천민에 대한 차별을 철폐하려 노력했어.

최근엔 경제가 발달한 도시들을 중심으로 대학 교육을 받는 하층 계급이 늘어나고 있다고 해. 또, 인도 정부도 차별을 없애고자 다른 계급의 사람들 중 공무원, 학생 등을 뽑는 제도를 시행하고 있어.

카스트제도가 오래전부터 인도인의 삶에 큰 영향을 끼쳐 왔다고 해서 인도만의 고유한 전통인 것처럼 인식하는 것은 옳지 않아.

많은 사람들이 고통 받는 신분제도는 윤리적 차원에서 분명 없어져야 할 관습임이 분명하단다.

#마하트마 간디

영국 식민지 시절 인도에서 정신적 지도자로 꼽혔던 독립운동가 겸 정치인이야. 1869년에 태어나 1948년 숨을 거둘 때까지 인도 내에서 이루어지는 차별을 없애는 데 앞장섰어.

또, 간디는 '비폭력, 불복종, 비타협'이라는 3대 조항을 내걸고 영국으로부터의 독립을 위해 애썼어.

인도 사람들은 그를 '마하트마(위대한 영혼)', '인도 건국의 아버지'라고 불러. 특히 그의 비폭력, 무저항주의는 인류의 역사에 길이 남을 업적으로 평가받고 있어.

손으로 밥 먹는 나라, 괜찮은 거예요?

우리의 밥상을 보자. 소복하게 담긴 밥과 맛있는 반찬들이 있겠지? 그리고 밥그릇 옆에는 숟가락과 젓가락이 놓여 있을 거야. 과연 다른 나라의 식탁은 어떨까?

중국과 일본의 식탁에서는 젓가락을 볼 수 있지만 미국이나 유럽의 식탁에서는 보기 힘들어. 대신 포크와 나이프를 볼 수 있겠지. 빵과 야채, 고기를 썰고 찍어 먹기 위해서 말이야.

텔레비전을 통해서 외국인들이 젓가락을 쓰는 데 어려움을 느끼는 걸 본 적이 있지? 우리한테는 엄청 쉬운 일인데 말이야. 외국인들이 젓가락을 쓰기 어려워하는 건 각 나라마다 식사를 하는 방법과 도구가 다르기 때문이야.

세계 인구의 30%가 젓가락 문화권에 속해. 약 20억 명의 사람들이 젓가락을 사용하는 셈이지. 중국, 일본, 한국, 베트남, 태국 등이 이에 속하는데 쌀을 주식으로 하는 나라들이야.

손으로 식사하는 동남아 사람들.

손으로 먹기 좋게 한 접시에 담은 동남아 음식.

같은 젓가락 문화라고 해서 똑같지는 않아. 우리나라 젓가락은 일본이나 중국보다 짧고 가늘어.

중국에서는 돈복이 든다는 이유로 육각형 모양의 젓가락을 좋아한다고 해. 또, 큰 식탁에서 별도로 덜어 먹는 식습관 때문에 먼 거리에 있는 음식을 집어 먹기 좋게 긴 젓가락을 사용해.

그렇다면 숟가락은 어떨까? 우리나라를 포함해서 중국과 태국, 필리핀 등이 숟가락을 써. 서양 문화권도 수프나 스튜를 떠먹기 위해 숟가락을 종종 쓰지. 물론 숟가락이라고 해도 그 모양과 쓰는 방법이 다르긴 하지만 말이야.

 필리핀은 우리처럼 주식이 밥이야. 하지만 밥알끼리 찰싹 달라붙어 있는 우리나라 쌀과는 달리 필리핀의 쌀은 찰기가 없어. 그래서 밥그릇에 담아 떠먹기보다는 숟가락으로 긁어서 먹는 방식으로 쓰고 있어.

 도구를 써서 밥을 먹는 나라가 있는 반면, 아무런 도구 없이 밥을 먹는 나라들도 있어.
 도구 없이 어떻게 밥을 먹는다는 걸까? 우리의 몸에는 가장 쉽게 밥을 먹을 수 있는 도구가 있잖아. 바로 '손' 말이야.
 인도, 말레이시아 등의 사람들은 식사를 할 때 손으로 먹는단다. 이렇게 된 이유는 지역적, 문화적, 종교적 차이 때문이야. 인도나 말레이시아 같은 나라에서는 '국' 문화가 발달하지 않았어. 이미 충분히 더워서 뜨거운 음식은 인기가 없기 때문이지.
 인도의 경우 카레를 찰기 없는 밥에 비벼 먹거나 '난'이라는 얇은 밀가루 전병을 카레에 찍어 먹는 음식문화를 갖고 있어. 또, 우리나라처럼 별도의 반찬을 차리지 않고 밥에 이

것저것을 같이 섞어서 손으로 집어 먹어.

그러고 보니 손은 훨씬 간편하고 언제든지 사용할 수 있다는 장점이 있는 것 같아. 손으로 밥을 먹는 사람들은 음식의 온기와 촉감을 느낄 수 있어서 즐겁게 식사를 한다고 해.

일부 사람들은 외국인이 손으로 밥 먹는 걸 보며 눈살을 찌푸려. 어떻게 손에 음식을 묻히며 식사를 할 수 있느냐면서 말이야.

만약 이 이야기를 인도 사람이 듣는다면 이렇게 답할 거야.

"똥을 싸고 닦는 왼손으로 숟가락을 드는 사람도 있던데, 정말 더럽군."

세계 각국의 식사문화! 비슷하면서도 다른 점이 많지?

이건 어때? 나라마다 밥 먹는 방법을 알아보고, 음식을 먹을 때 그 나라의 문화를 따른다면 더 즐거운 식사가 되지 않을까?

다문화가정도 한 민족인가요?

"아빠는 대한민국 사람, 엄마는 필리핀 사람?"

학교에서, 길거리에서, 놀이동산에서 피부색이 조금 다른 친구들을 만날 때가 있지?

우리나라 안에도 다양한 인종과 민족이 살고 있어. 그렇다 보니 다른 나라에서 태어난 사람과 결혼해 가정을 이루는 일이 많아졌지.

쉽게 말하면 한국인이 외국인과 결혼하는 거야. 이렇게 민족과 문화적 배경이 다른 사람이 만나 가정을 이루는 것을 '다문화가정'이라고 한단다.

2020년, 우리나라의 다문화가정의 구성원 수가 100만 명을 넘어섰어. 또, 최근 3, 4년 사이에는 외국인과 결혼하는 우리나라 사람의 수가 전체 결혼자의 10%가 넘는다고 해.

 매년 3만 명 이상의 동남아 여성들이 한국인과 결혼한다고 하니 다문화가정이 해마다 늘어날 수밖에. 덕분에 우리도 다양한 문화를 가진 친구들을 사귈 수 있게 되었어.

점점 늘어가는 다문화가정.

그런데 어쩐 일인지 다문화가정에서 태어난 친구들은 외롭다고 해. 학교에서의 수업도 재미없고 말이야. 다문화가정 친구들은 왜 그렇게 느끼는 걸까?

"대한민국 사람은 한 민족!"

우리나라에서는 예로부터 단일민족주의를 중시하는 사고가 강했어. 단일민족주의란 대한민국 국민은 같은 피부색과 언어를 공유하는 한 민족이라고 생각하는 걸 말해. 하지만 이건 잘못된 생각이야.

역사적으로 옛날 가야국 김수로 왕의 부인 허황옥은 인도의 아유타국이라는 먼 나라에서 온 사람이었어. 허황옥은 김해 김씨와 김해 허씨의 조상이 되었지.

어디 그뿐인 줄 아니?

무역이 활발히 이루어졌던 통일신라시대에는 이슬람 상인들이 신라에 거주하곤 했어. 고려시대에는 귀화한 외국인이 17만 명 가까이 되었다는 기록이 있어.

당시 인구가 500~700만 명 정도였으니 꽤 많은 외국인이 살았던 거지. 결국 대대로 우리나라 안에서도 다양한 민족이 섞여 살고 있었던 거야.

열린 마음으로 대해야 할 다문화 친구들.

다문화가정이 늘어나고 그에 따른 문제가 발생하자 국가에서 제도와 정책을 변화시키기 위해 노력하고 있어.

대표적인 예로 2003년 건강시민연대라는 시민단체가 '국제결혼 가정', #'혼혈아' 등의 단어가 갖는 차별적이고 부정적인 이미지를 없애기 위해 시민활동을 펼친 거야.

텔레비전을 통해서 한국 남성과 결혼해 사는 외국인 여성들을 보곤 하지? 그 반대도 있고 말이야.

그들을 위해서 한국의 문화와 풍습, 일반적인 생활 상식 등을 각 국가별 언어로 만들어서 보급한다면 그들이 사회에 적응하는 데 큰 도움이 될 거야.

무엇보다도 바뀌어야 하는 건 우리의 마음과 태도일 거야. 정책이 생겨나도 우리가 행동으로 실천하지 않으면 큰 의미가 없는 거잖아.

나아가 단지 실천이 아니라 진정으로 차별하지 않는 마음이 중요해. 살다 보면 우리도 다른 나라에 가서 살게 될 수 있어. 그때 그 나라 사람들에게 차별받는다고 생각해 봐. 너무 속상하고 억울하겠지?

피부색, 출신 국가, 직업 등 외면적인 조건으로 사람을 차별하는 건 정말 옳지 않은 일이야.

피부색과 언어가 다르다는 이유로, 우리가 다문화 가정의 친구들에게 말을 걸지 않은 건 아닐까? 이제는 누구나 열린 마음으로 우리와 다른 피부색, 문화를 가진 사람들과 어울려 살아가야 하는 거야.

더 나은 나, 더 나은 사회를 위해서 말이지.

#혼혈아

혈통이 다른 종족 사이에서 태어난 사람을 이르는 말이야. 혼혈아라는 말은 대개 인종적, 문화적으로 나쁘게 쓰는 경우가 많아.

미국 역사상 최초의 흑인 대통령인 버락 오바마의 경우도 케냐 출신의 흑인 아버지와 미국 출신 백인 어머니 사이에서 태어난 혼혈아야. 그래서 자랄 땐 차별을 받았대.

인종적인 차이를 자연스럽게 보지 않는 한국 사회에서 '혼혈아'라는 건 차별의 조건이기도 해.

부정적인 의미를 지우기 위해서 혼혈아를 대체하는 용어들이 나오고 있어. 국제아, 이중문화 가정의 자녀 등이 그 예야.

하지만 이 말도 사회적인 지위를 제한하는 한계를 가지고 있어. 그래서 혼혈인 단체인 국제가족한국총연합회는 '국제가족'이란 표현을 제안하고 있는 상황이야.

중동·아프리카

◆ 중동 사람들은 왜 우리나라 사극을 좋아해요?
◆ 이슬람 IS단체는 왜 테러를 해요?
◆ 아프리카는 왜 발전을 못했어요?
◆ 흑인종·백인종·황인종, 왜 피부색이 달라진 거예요?
◆ 공정무역이 뭐예요?

중동 사람들은 왜 우리나라 사극을 좋아해요?

〈중동 시장 공략을 위해서는 K-드라마 중에서도 특히 '사극 마케팅'이 도움이 될 것으로 보인다.

한국무역협회가 대륙별 주요 24개국에 거주 중인 우리 기업 주재원과 현지의 한인 사업가 637명을 대상으로 '해외 한류 인기도 및 마케팅 활용 현황'을 조사한 결과, 중동 지역에서 인기 있는 한국 드라마로 '대조영', '주몽', '대장금'이 나란히 1~3위를 차지했다.

중동에서 인기 있는 한류 스타 역시 송일국(주몽), 이영애(대장금)가 꼽혀 한국 사극의 인기를 실감케 했다.

중동사람들도 장금이를 좋아해. ♪

　(중략) 중국·베트남·태국·인도네시아 등 다른 아시아 국가에서는 응답자의 절반 이상이 한류의 인기가 '높아졌다' 또는 '많이 높아졌다'고 응답했다.

　동유럽이나 중남미에서는 일부 젊은 층에서 K-Pop 아이돌을 선호하는 등 K-Pop 중심의 문화콘텐츠 진출이 확대되고 있다.〉

　위는 중동에서의 한류 바람을 다룬 신문 기사야.

우리와는 피부색과 문화가 다른 아랍 사람, 즉 중동 사람들이 우리나라의 사극을 좋아하는 것이 믿어지니?

조선시대 궁중 요리사이자 의원인 여주인공의 이야기를 그린 〈대장금〉을 보며 매력을 느끼고 〈주몽〉을 보면서 고구려가 건국된 배경에 관심을 갖는다고 해.

중동 국가들의 경우 전통과 예절을 중요시하고 손님 접대에 정성을 다하는 풍습이 있는데, 우리의 사극이 그쪽 사람

서울에서 열린 K팝대회에 참가한 외국인들.

들의 정서에 잘 맞는다는 말도 들려.

 세계가 가까워지면서 문화가 서로 통하고 있는 거지. 이렇듯 한국의 문화가 해외로 전파되어 인기를 얻는 현상을 '한류'라고 불러.

 한류는 '한국의 물결'이라는 뜻이야. 즉, 한국 문화가 물결처럼 흘러 퍼진다는 거지. 그 시작은 1992년에 한국과 중국이 문화를 교류하기로 하면서 조금씩 열렸어.

 1993년에 처음으로 중국에서 한국 드라마를 볼 수 있게 되었고 이어 한국 음악이 중국에서 큰 인기를 얻었어.

 중국 사람들은 한국의 영화, 게임 등에도 관심을 갖게 되었어. 중국에서 한국 대중문화 열풍이 일기 시작하자 2000년 2월 중국 언론에서 이러한 현상을 표현하기 위해 '한류'라는 용어를 사용했고 일본, 대만, 말레이시아 등으로 널리 알려지게 되었단다.

 처음에는 텔레비전이나 비디오로 볼 수 있는 한국의 대중문화가 관심사였지만 한류에 빠진 사람들은 점차 한국문화 자체에 관심을 보이고 있어.

2000년대 이후로 아시아권에서 김치, 고추장, 라면, 한국의 가전제품 등이 많이 팔려 나가고 있다고 하니 그 관심이 대단하지? 한류가 문화 교류에서 끝나지 않고 한국의 산업까지 부흥하게 만들고 있는 거야.

한국의 대중문화를 즐기던 외국인들이 한국의 가수, 배우에 대한 애정을 넘어 한국 자체를 사랑하게 되었어. 그래서 한국어를 익히는 외국인들도 많아졌다고 해. 아는 만큼 보이니까 말이야.

중국에서는 이들을 가리켜 '합한족(哈韓族)'이라고 불러. 한국과 합하려는 부류라는 뜻이야.

한류는 아시아를 넘어 전 세계로 뻗어 나가고 있어. 멀리 떨어진 남아메리카의 칠레에서 우리나라 가수들이 공연을 열기도 하고 미국의 극장에서 한국의 영화를 볼 수도 있지. 중동에서 한국 드라마를 보고 있는 것도 마찬가지이고 말이야.

한류는 이제 세계 진출을 넘어 각 분야에서 정상을 다투는 단계로까지 나아가고 있어.

K-Pop을 대표하는 방탄소년단은 팝의 본고장인 미국의 빌보

드차트 1위가 단골일 정도야. 또, 2020년 영화 〈기생충〉은 세계 최고의 영화제인 미국 아카데미상에서 작품상, 감독상(봉준호) 등 4관왕에 올랐고, 2021년 영화 〈미나리〉의 배우 윤여정은 아카데미상 연기상(여우조연상)을 받았어.

한류가 세계로 확산되어 가는 것은 좋지만 무엇보다도 문화는 서로 교류되어야 해. 우리의 문화가 전파되는 만큼 다른 나라의 문화도 우리 속으로 받아들일 수 있어야 한다는 거지.

그렇게 마음으로 주고받을 수 있어야 한류가 더 널리 퍼져 갈 수 있을 거야. 물론 대중문화 작품이든 산업 제품이든 품질에 최선을 다하는 건 기본이 되어야 하겠지?

그런 진정한 한류를 만드는 사람이 되어 보는 건 어떨까. 미래의 직업으로 꿈을 키워 보지 않을래?

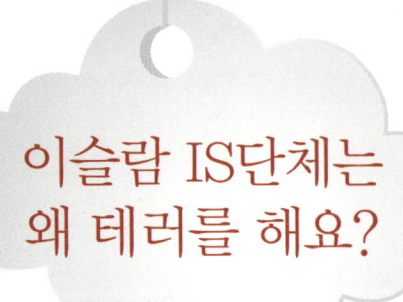

이슬람 IS단체는 왜 테러를 해요?

　2015년 11월 13일, 프랑스 파리에서 아주 끔찍한 일이 일어났어.

　거리 곳곳에서 폭발이 일어나고 여섯 번의 총격이 발생했지. 이 과정에서 130여 명의 사람이 죽었어. 프랑스는 국가비상사태를 선포하고 국경을 봉쇄했단다.

　이 사건을 벌인 사람들은 'IS'라고 불리는 이슬람 #테러단체야. 이슬람 테러 단체가 벌인 사건은 이뿐만이 아니야.

　2001년 9월 11일, 이슬람 테러 단체인 '알카에다'는 네 대

이슬람교의 경전인 코란.

의 여객기를 납치해서 미국 뉴욕의 쌍둥이빌딩과 워싱턴의 국방부 건물로 돌진했어. 이로 인해 무려 2,977명의 사람이 죽었지.

'9·11테러'로 불리는 이 사건은 미국 현대사에서 가장 충격적인 비극으로 기록되어 있어.

IS, 알카에다, 탈레반 등 이슬람 테러 단체는 지금도 세계 곳곳에서 참혹한 일을 저지르고 있어. 집에서 텔레비전을 보다가 갑자기 폭탄이 터져서 죽을 수도 있다는 이야기지.
  이슬람 사람들은 왜 죄 없는 사람들을 죽이는 거지? 원래 싸움을 좋아해서 그러는 걸까?

 이슬람교는 기독교, 불교와 함께 세계 3대 종교의 하나야. 온 우주에 하나밖에 없다는 알라를 믿는 종교지.
 알라는 아랍어로 '그 신'을 뜻해. 영어의 The(정관사) + God(신)과 같은 의미야. 그리고 이슬람을 믿는 사람들은 아

성지를 향해 기도하는 이슬람 사람들.

랍어로 '무슬림'이라고 부른단다.

이슬람의 알라와 유대교인들이 믿는 히브리 성경의 신, 기독교의 하나님은 같은 신이야. 말하자면 한 뿌리지. 그런데 좀 다른 게 있어.

기독교는 하나님을 #유일신으로 받들면서 '하나님=예수=신'을 같다고 믿지만, 이슬람교에서는 이를 인정하지 않아.

이슬람교에서 예수는 인류를 죄악으로부터 구원하는 구세주가 아니라 신의 말씀을 전하는 예언자일 뿐이야. 같은 이치로 이슬람교를 창시한 무함마드도 예언자이지 신이라고 하지는 않아.

예수보다 570년 뒤에 태어난 무함마드가 하나님의 계시를 받은 마지막 예언자이고, 그 계시를 적은 것이 이슬람 경전인 '코란'이라고 해. 이슬람인들은 무함마드를 가장 최근에 하나님의 뜻을 받은 더 완전무결한 예언자라고 생각한단다.

코란은 무함마드가 610년경 예언자가 된 뒤부터 죽을 때까지 약 22년 동안 알라로부터 받은 계시를 모아 놓은 책이야. 코란에는 다음과 같은 내용이 담겨 있어.

"알라는 이 세상 모든 것을 주지만 아무 대가를 요구하지 않는다. 마음은 어디까지나 관대하고 자애에 넘쳐 잘 용서하고, 잘 들어 주고, 잘 보아 준다(코란 2:11)."

코란의 내용대로라면 이슬람교는 평화, 인내, 사랑의 정신을 강조하는 종교야. 즉, 이슬람 사람이 싸움을 좋아하는 것이 아니라, 테러 단체가 이슬람교라는 종교를 명목 삼아 싸움을 벌이는 거야.

현재 무슬림의 수는 세계 인구의 20%인 15억 명 정도야. 우리나라에 사는 무슬림의 숫자도 40만 명이나 되지.

이 사람들 모두가 싸움을 좋아했다면 세계에는 진즉 큰일이 났을 거야.

이슬람 테러 단체들은 겉으로는 서양과의 대결을 내세워. 서양은 곧 기독교를 의미하는데 이슬람교와 기독교는 역사적으로 사이가 좋지 않거든.

멀게는 11세기 말부터 200년이나 지속된 십자군 전쟁을 예로 들 수 있어. 십자군 전쟁은 기독교 세력의 군대가 지금의 아랍 지역에 쳐들어 와서 이슬람 세력과 싸운 일이야.

두 세력의 싸움은 현대에까지 이어지고 있어. 제2차 세계대전 후 팔레스타인 지역에 이스라엘이 건국되자 아랍 국가

들은 이스라엘과 네 번이나 전쟁을 벌였지.

서양의 지원을 받은 이스라엘은 승승장구했어. 그래서 아랍 국가들은 이스라엘과 서양 국가들을 굉장히 싫어해.

그렇다고 해서 모든 아랍 국가들이 테러를 벌이는 건 아냐.

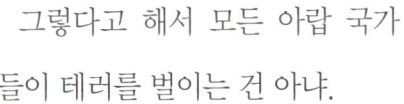

무기를 지니지 않은 민간인을 상대로 폭탄을 터뜨리고 사람을 죽이는 건 어떤 이유로도 옳지 않은 일이야. 그렇지 않니?

IS의 경우, 최종 목적은 자신들의 국가를 건설하는 거야. 이슬람의 신인 알라를 위해 테러를 벌이는 것이 아니지. 이슬람의 문제가 아니라 오직 정치적인 목적인 거야.

그래서 순수 이슬람교인들은 IS를 같은 무슬림으로 인정하지 않아. 세계 곳곳에서 폭탄 테러를 벌이고 여성들을 누

예처럼 부리는 그들은 그저 테러 단체일 뿐이라는 거지.

이슬람 테러 단체들이 코란을 앞세워 자신들의 행동을 알라의 뜻이라고 하는 것은 이슬람의 참모습이 아니야. 이슬람 사람들은 싸움을 좋아한다는 오해는 머릿속에서 지워 버리도록 하자.

#테러

특정 목적을 가진 사람이나 단체가 정치, 사회, 종교 등의 목표를 달성하기 위해 조직적이고 지속적으로 폭력을 사용해 사회적 공포 상태를 일으키는 행동.

#유일신

'오직 하나의 신!' 유일신 사상을 가진 종교는 유대교, 기독교, 이슬람교로 나뉘어. 그런데 각 종교마다 메시아(구세주)에 대한 생각이 달라.
유대교는 유대인만이 하나님의 선택을 받은 민족이라고 생각해. 그리고 유대인을 구해 줄 메시아는 아직 오지 않았다고 하지.
하지만 기독교는 예수가 메시아로 와서 인류 구원의 장을 열었다고 해.
이슬람교는 신은 오직 알라뿐이고 예수, 무함마드는 알라의 계시를 전한 예언자라고 믿어.

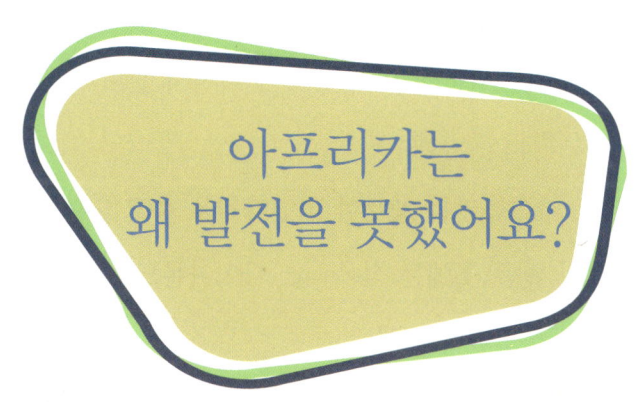

아프리카는 왜 발전을 못했어요?

 전 세계 육지의 약 20%에 해당하는 대륙, 아프리카! 아프리카를 생각할 때 떠오르는 그림은 뭐야?

 많은 사람들이 아프리카라고 하면 흑인종, 개발되지 않은 곳, 부족 등을 떠올려. 하지만 아프리카는 아시아 다음으로 큰 대륙인 만큼 우리가 생각하는 것보다 다양한 그림이 존재한단다.

 아프리카는 세계 최대의 사막인 사하라사막을 중심으로 북아프리카와 남아프리카로 나뉘어. 북아프리카는 백인종 계열이 많이 살고 남아프리카는 흑인종의 땅이야.

넓은 지역에 여러 종족이 퍼져서 살다 보니 언어와 종교, 문화도 다양해.

아프리카는 풍부한 천연자원을 품고 있어. 아직도 개발되지 않은 곳에는 석유, 금, 다이아몬드, 우라늄 등이 많이 매장되어 있다고 해.

그런데 넓은 땅과 풍부한 자원을 갖고 있음에도 아프리카는 왜 발전이 늦어지고 있을까?

일단 사막이나 밀림, 초원 같은 자연적인 요소가 큰 장애가 된 듯해. 환경이 사람들 간의 교류를 막아 오랫동안 부족 단위로 살아가는 상태를 벗어나지 못했어.

부족들이 뭉쳐서 국가를 형성해야 계획적인 발전이 이루어질 텐데 아프리카는 그런 면에 매우 불리했던 거야.

아프리카의 자연 환경은 농사에도 적합지 않아. 역사적으로 보면 문명의 발전은 대부분 큰 강을 낀 비옥한 지대에서 농사를 일구고 인구가 늘면서 시작되었어. 하지만 아프리카는 그렇지 못했어.

아프리카의 대부분 지역은 농사가 어려운 건조성 기후이거나 열대우림이야. 건조한 날씨가 작물을 메마르게 한다면 열대우림 지역은 너무 많은 비가 내려서 흙 속의 좋은 성분이 씻겨 내려가 작물이 못 자라지.

그래서 아프리카 사람들은 주로 열매 채집이나 사냥, 물고기를 잡는 어로 생활 등으로 삶을 이어 왔어.

반면 유럽과 아시아, 즉 유라시아 지역은 농사와 함께 발전해 나갔어.

이 지역의 사람들은 농사를 지어 식량을 생산하고, 가축을 키우고, 음식, 약, 비료로 쓰일 식물을 키웠어. 식량 생산이 쉬우니 인구가 늘게 되고 도시화도 이루어졌지.

기후가 건조해 산업의 기본인 농사가 쉽지 않은 아프리카.

교육을 받을 기회가 적은 아프리카 어린이들.

　인구가 증가한 사회는 더 오래, 더 건강하게 사는 방법을 연구해. 그리고 다른 나라로부터 침입을 받았을 때 나라를 지켜 줄 지도자와 군사를 뽑고, 잘사는 방법을 더 연구하고 공부하지. 사회 발전의 보편적인 모습이야.

　그렇게 산업을 일으킨 유럽 사람들은 아직 개발되지 않은, 자원이 풍부한 아프리카로 눈을 돌렸어. 17세기부터 제2차 세계대전이 끝나던 1940년대 중반까지 아프리카는 유럽의 식민지가 되어 착취당했어.

제2차 세계대전 이전에 독립국이었던 나라는 남아프리카 공화국, 에티오피아, 이집트 3개국에 불과할 정도야.

아프리카 나라들의 국경이 일직선이 많은 건 식민지의 흔적이야. 영국, 프랑스, 벨기에 등 유럽 나라들이 침략 과정에 서로 만나게 되면 싸움을 피하기 위해 적당히 선을 그어 영역을 나눈 것이 그대로 국경이 된 경우라고 볼 수 있어.

유럽의 침략이 얼마나 심했는지 예를 들어볼까?

1865년 벨기에의 왕이 된 레오폴드 2세는 아프리카 콩고를 자신의 땅으로 삼았어. 그리고 그 땅에서 나오는 고무와 기타 지하자원을 모두 벨기에로 가져갔지. 이 과정에 죽임을 당한 원주민들이 800만 명에서 2,000만 명에 달했다고 해.

이는 콩고뿐만이 아니야. 모든 지역의 아프리카 원주민들이 당했던 일이란다.

이렇게 착취와 가혹한 통치를 받은 뒤에 독립을 얻긴 했지만 대부분의 아프리카 국가들은 아직까지도 그런 상처에서 벗어나지 못하고 있어.

식민지 시대는 아프리카가 경제 발전의 토대를 갖지 못한 계기 중 하나야.

아프리카는 전염병으로 사망하는 사람 수가 가장 많은 대륙이야. #말라리아, 에이즈, 설사병 등으로 인해 연간 500만 명이 죽고 있다고 해.

끊이지 않는 전염병도 문제지만 수많은 사람들이 병에 걸려 일을 하지 못하고 병이 다 낫더라도 생산성이 크게 떨어져.

그러니 아프리카의 발전은 계속 늦어지고 많은 사람들이 가난에서 벗어나지 못하는 거야. 늦어진 발전은 또 다른 병을 만들어 내니 악순환이 반복되는 거겠지?

그렇다면 아프리카는 경제 발전을 위해 무엇을 해야 할까?

먼저, 아프리카 사람들에게 교육의 기회가 주어져야 해. 사람들의 인식이 바뀌어야 사회도 발전하고 훌륭한 지도자를 세울 수 있겠지.

교육받은 사람들이 식민지로 인한 상처의 기억을 씻어 내고 아프리카의 역사를 새롭게 써 나간다면 불리한 자연환경도 극복할 수 있을 거야.

#말라리아

'나쁘다'라는 뜻이 있는 'mal'과 '공기'라는 의미의 'air'가 합쳐진 말인 말라리아는 모기가 옮기는 감염병이야. 원인이 모기라는 것이 밝혀지기 전에는 이 병이 나쁜 공기를 통해 퍼진다고 믿었거든.

말라리아의 병균은 암컷 모기의 몸속에서 살고 있다가 모기가 사람을 물 때 사람의 혈액 속으로 들어가. 말라리아에 감염된 사람은 숨쉬기가 어려워지고 온몸의 구석구석 통증을 느껴. 머리도 깨질 것처럼 아프고 말이야. 그러다 죽음에 이르게 돼.

해마다 100~300만 명이 말라리아로 사망하고 있어. 더욱 안타까운 건 피해자의 대부분이 어린이들이란 점이야.

아프리카의 경제가 발전해서 오래된 시설들을 고치고 질병 관리에 신경 쓴다면 말라리아로 인한 아이들의 죽음도 줄일 수 있지 않을까?

> ## 흑인종 · 백인종 · 황인종,
> ## 왜 피부색이 달라진 거예요?

세상에는 '나'와 피부색이 다른 사람이 있어.

그건 백인종일 수도 있고 황인종, 흑인종일 수도 있지. 같은 세계 속에 살고 있는데 왜 피부색이 서로 다른 걸까?

지구가 처음으로 생겨났던 옛날에는 대륙이 하나로 이어져 있었다고 해. 오직 하나의 땅과 하나의 바다만 있었다는 거지. 그때는 오직 하나의 인종만이 존재했고, 동식물들도 원형 그대로의 모습을 간직하고 있었어.

그런데 화산 활동과 지각 변동으로 인해 대지가 조금씩 흔들리기 시작한 거야. 이윽고 대륙은 지속적인 충격에 의해 여러 개로 갈라지게 되었지. 이러한 변동으로 인해 산과 계곡이 생기고 많은 동식물들이 땅에 묻혔어.

지금의 우리는 화석을 통해 그때의 모습을 상상해 볼 수 있어. 이를 '대륙 이동설' 이라고 해.

대륙이 갈라지고 서로 멀어지면서, 인간과 동식물은 대륙

세계에 있는 다양한 인종의 친구들.

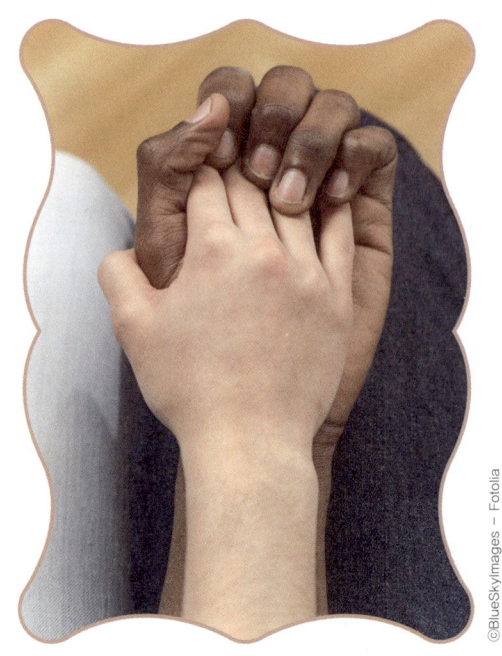
©BlueSkyImages – Fotolia

에 따라 다른 자연환경을 갖게 되었어. 그러면서 여러 인종으로 변해 가고 동식물의 모습도 변하기 시작한 거야. 그 대륙에 맞는 형태를 갖춰야 하니깐 말이야. 예를 들어 볼까?

　우리는 태양 빛을 받고 살아. 태양 빛에는 자외선이라는 것이 담겨 있는데, 자외선은 세균을 죽이는 등의 장점도 있지만 피부를 나쁘게 만든다는 단점도 있지.

햇빛이 강하게 내리쬐는 적도 부근에 사는 사람들은 자외선이 피부에 해를 입힐 수 있고, 햇빛이 약한, 위도가 높은 곳에 사는 사람들은 자외선을 더 쬐어야 해.

이를 조절해 줄 수 있는 물질이 빛을 흡수하는 검은색 색소야. 피부에 검은색 색소를 퍼뜨려 놓으면 햇빛을 흡수해 버려서 자외선으로부터 해를 입는 걸 줄여 주는 거지.

이 검은색 색소를 '멜라닌' 이라고 하는데, 피부세포 중의 일부가 검은색 색소를 만들어 낼 수 있도록 진화되었을 것으로 봐.

우리는 첫 인류의 피부색이 어떤 색이었는지 확인할 순 없어. 적도 사람들, 즉 아프리카인은 피부를 자외선으로부터 보호하기 위해 많은 멜라닌 색소를 만들어 내기 시작했고, 이것이 일상화되면서 검은색 피부가 유전되고 있다고 보지.

현재 아프리카 흑인들은 대부분 까만 피부를 갖고 있어. 멜라닌 세포가 피부 표면의 50% 정도를 덮고 있기 때문이야.

멜라닌 세포의 양이 중간이면 황색이 되고, 적으면 백색이 되겠지? 자, 그렇다면 만약 흑인에게 멜라닌 세포기 적다면 흑인도 하얀 피부를 갖고 태어날 수 있을까?

정답은 Yes! 흑인도 멜라닌 세포가 없으면 백인보다 더 창백한 피부를 가질 수 있어. 계속해서 햇빛 아래 서 있어도 말이지. 그런 현상을 #백색증이라고 불러.

현재 지구인은 아시아, 유럽, 아프리카, 아메리카, 말레이 등 5대 인종으로 구별되고 있어.

아시아 인종은 동아시아, 몽골, 헝가리 등에서 살아가. 주로 황인종이고 털이 적고 키는 작은 편이야. 우리나라 사람들도 여기에 속하지.

유럽 인종은 유럽 전역과 북아프리카, 북아메리카, 아프가니스탄, 인도 등에 살고 있어. 주로 백인종이고 눈동자가 파란색이거나 검은색이 많아. 키는 큰 편이지.

아프리카 인종은 어떨까? 아프리카와 미국에 살고 있는 아프리카 인종의 피부는 구릿빛이거나 흑갈색이야. 입술이 두껍고 코가 낮은 것이 특징이지. 키는 큰 사람이 많은 편이야.

아메리카 인종은 아메리카 전역과 북극해 쪽에 퍼져 있어. 피부는 구릿빛이거나 갈색이고 생김새는 아시아 인종과 비숫해.

　마지막으로 말레이 인종은 인도네시아, 필리핀 등에 살고 있어. 피부는 갈색이고 아시아 인종과 생김새가 비슷하지만 키가 좀 더 작은 편이야.

　현대사회에서 인종의 기준은 절대적이지 않아. 인종끼리 섞이면서 인종의 기준이 흐려졌고 사는 곳, 먹는 것과 같은 문화적인 환경에 따라서 생김새가 변하기 때문이야.

#백색증

백색증은 몸에 멜라닌을 만드는 요소가 부족한 증상이야.
백색증이 심한 경우에는 피부가 창백하도록 하얘. 머리카락을 비롯한 온몸의 털도 흰색이지. 심지어는 눈에도 색소가 없기 때문에 안쪽의 핏줄이 다 비쳐서 붉은색으로 보인단다.

공정무역이 뭐예요?

어른들이 김이 모락모락 나는 커피를 마시는 걸 본 적이 있지? 더운 여름날에는 얼음을 가득 넣어 마시기도 해.

마시지 말라는 엄마의 눈치를 보며 몰래 커피 맛을 본 친구도 있을 거야. 이 커피들은 어디서부터 오는 걸까?

유명한 커피 생산지로는 아프리카의 케냐, 남아메리카의 브라질, 인도네시아, 네팔 등이 있어. 이곳의 커피는 향이 좋고 맛있어서 전 세계 사람들이 무척 좋아해.

1년에 커피가 67조 원어치 정도 팔린다고 하니 커피를 재배하는 농부는 어마어마한 부자가 되었을 거야. 그렇지 않니?

하지만 현실은 그렇지 않아. 아프리카와 남미, 인도네시아를 비롯한 일부 아시아 국가에서 커피 농사를 짓는 농부들은 가난에서 벗어나지 못하고 있지. 1년에 67조 원어치의 커피가 팔리는데도 말이야.

그럼 우리가 커피를 사면서 쓴 돈은 다 어디로 갔을까?

아프리카의 커피 생산지인 에티오피아에서 커피 농사를

초콜릿 원료인 카카오에는 아프리카 어린이들의 눈물이 배어 있어.

짓는 농부가 1년 동안 버는 돈은 7만 2,000원 정도라고 해.

전 세계에서 지출되는 커피 값에 비하면 너무 초라한 액수지. 대부분의 수입은 커피를 파는 기업인과 상인들이 가져가고 있어.

어른들이 제대로 돈을 벌지 못하기 때문에 살기 위해선 아이들도 일을 할 수밖에 없는 것이 가난한 나라의 현실이야. 아프리카의 케냐에서는 수많은 아이들이 커피 농사를 짓고 있어. 하루 종일 일해야 하니 학교 문턱도 밟지 못하는 친구들이 아주 많지.

우리가 좋아하는 달콤한 초콜릿의 원료인 #카카오, 음식을 맛있게 해주는 설탕이 되는 사탕수수도 마찬가지야.

결국 우리가 좋아하는 커피, 초콜릿, 설탕 가격의 아주 조금만 생산한 농부들에게 돌아가는 거야. 어때? 매우 불공평하게 느껴지지 않니?

그래서 나온 것이 바로 공정무역이야. 공정무역은 열심히 농사를 짓지만 제대로 대가를 받지 못하는 생산자들의 물건을 제값에 주고 사자는 소비자운동이야.

새로운 무역 방식이라고 볼 수 있지. 가난한 나라의 노동 문제를 눈여겨본 유럽과 미국, 캐나다 등의 시민단체에서 시작했어.

공정무역은 가난한 나라의 농부들에게 노동의 대가가 공정히게 지불될 수 있게 해. 또, 커피를 파는 기업은 아동과 여성들의 인권을 보장해 줘야 해.

안전한 곳에서 일한 만큼의 돈을 받은 농부는 미래에 대한 희망과 일에 대한 자부심을 가지고 더 좋은 품질의 커피를 만들기 위해 노력할 거야.

만드는 사람, 파는 사람, 사는 사람 모두에게 좋은 공정무역이어야 그렇게 되지! 그렇다면 우리나라의 경우는 어떨까?

우리나라에서는 '아름다운 가게'라는 곳에서 최초로 공정무역운동을 시작했어. 지금은 아름다운 가게를 비롯해 에코생활협동조합, 한국YMCA 등 10여 개 단체가 공정무역을 위해 애쓰고 있어.

그들은 일반 커피보다 두세 배의 가격으로 농부들에게서 원두를 구입해서 판매해. 중간상인 없이 커피 생산자와 직접 계약을 맺고 정당한 대가를 지불하고 사들이는 거지.

똑같은 커피, 초콜릿이라고 해도 어떤 방법으로 사느냐에 따라 지구 반대편 사람들에게 밝은 미래와 꿈을 줄 수 있어. 그렇다면 우리부터 공정무역 제품을 골라 건전한 소비를 해보면 어떨까?

#카카오

카카오는 긴 타원형 모양의 열매야. 다른 이름으로는 코코아라고 불리지. 카카오 열매를 가루로 만든 다음 설탕, 우유 등을 넣어 굳히면 초콜릿이 돼.

지금도 아프리카 열대 지방에서는 카카오를 만들기 위해 25만여 명의 어린이들이 카카오 농장에서 일하고 있어.

7~10세의 아이들이 노동에 대한 대가를 제대로 받지 못한 채 종일 카카오 열매를 따고 그 열매로 만든 것이 우리가 먹는 초콜릿인 거야. 그래서 초콜릿을 '어린이의 눈물'이라고 부르기도 해.

이러한 문제를 해결하기 위해 공정무역에 의한 착한 초콜릿에 대한 관심이 높아지고 있어.

착한 초콜릿을 만드는 기준은 아이들의 강제 노동을 금지하고 교육받을 기회를 주는 거야. 우리 또래의 친구들이 눈물을 흘리지 않는 착한 초콜릿이 점점 많아지기를 빌어.

세계 공통

◆ 핵무기는 왜 위험해요?
◆ 환율이 뭐예요?
◆ 해양쓰레기! 생선도 못 먹게 되나요?
◆ UN은 무슨 일을 해요?
◆ IMF, 좋은 건지 나쁜 건지 어려워요
◆ 북극에 뱃길이 생기면 좋은 거예요?

핵무기는 왜 위험해요?

1930년대의 일이야. 독일의 과학자들은 우라늄이라는 금속 원소를 연구하다가 새로운 걸 발견했어.

"우라늄의 중심에 있는 핵이 갈라지면서 엄청난 에너지가 나온다고?"

이걸 '핵분열'이라고 하는데, 과학자들은 이 에너지를 자원으로 쓸 생각을 했어. 핵분열 에너지는 전기, 기계, 화학, 금속 등의 관련 산업을 발전시킬 수 있었거든. 하지만 이 에너지 자원은 다른 곳에도 쓰이게 되었어. 바로 전쟁이야.

제2차 세계대전이 일어나자 과학자들은 핵분열 에너지를

핵무기의 무시무시한 위력!

이용한 폭탄을 연구하기 시작했어. 군사 강국인 미국, 소련 등을 중심으로 핵무기는 나날이 발전했지. 그러다 보니 현재 전 세계가 보유하고 있는 핵무기는 약 1만 7,000개 정도야.

산업을 발전시키는 자원으로도 쓸 수 있는 이 에너지가 핵무기가 되었을 때 왜 위험한 걸까?

핵무기는 대량 살상 무기야. 대량 살상 무기란 한 번 사용해서 수많은 인명 피해를 낼 수 있는 무기를 말해.

어떤 지역에 핵폭탄이 떨어지면 우리가 생각하는 것보다 더 많은 사람들이 죽고 동식물이 파괴되지. 그리고 그 지역은 아무도 살 수 없는 땅이 된단다.

핵무기로 인해 우리가 살고 있는 세계가 사라질 수 있다는 것이 쉽게 이해가 되지 않지? 핵무기로 크게 피해를 입은 경우를 가까이에서 찾아보도록 하자.

바로 이웃나라인 일본이야. 제2차 세계대전 때, 전쟁을 일으킨 독일과 이탈리아는 항복했지만 일본은 가장 늦게까지 버텼어.

미국은 일본이 항복을 거부하자 1945년 8월 히로시마와 나가사키라는 도시에 핵폭탄을 떨어뜨렸어.

핵폭탄으로 인해서 히로시마 인구 34만 명 중 약 14만 명이 목숨을 잃었어. 나가사키에서도 약 4만 명이 죽었지.

핵폭발의 위력은 정말 어마어마했어. 태양 표면온도의 1만 배인 6,000만℃의 고열과 시속 1,000km의 핵폭풍에 의한 충격파가 순식간에 도시를 잿더미로 만들어 버렸어.

또, 핵폭탄이 터질 때 나온 방사성 물질은 당시 피해자들

핵 공격을 받으면 지구는 폐허가 될 거야.

은 물론 후손들에게까지 원자병의 고통을 전하고 있어. 왜 핵무기를 대량 살상 무기라고 부르는지 알겠지?

핵무기는 막을 수가 없어. 그래서 더욱 위험한 거야. 핵무기는 보통 미사일로 발사되는데 그 속도가 굉장히 빨라. **잡으려면 이쪽에서도 미사일을 쏘아 공중에서 폭파시켜야 하는데 매우 어려워. 잡는다 해도 방사성 물질이 떨어져 피해를 줄 수 있지. 결국 발사된 핵무기는 피할 수 없다는 뜻이야.**

핵무기가 위험한 이유는 이것 말고도 또 있어. 먼지가 쌓인 책상을 생각해 보자. 책상 위에 책을 세게 내려놓으면 먼지가 풀풀 날리겠지? 만약 핵무기가 터지면 어떨까?

미국 국립대기연구센터는 보통 수준의 핵폭탄 100개를 한꺼번에 터뜨리는 모의실험을 했어. 핵폭발에 의한 불기둥에서 쏟아진 550만 톤의 검은 재와 지상에서 솟구친 먼지가 대기를 뒤덮는 결과가 나왔지.

이로 인해 지구의 평균기온이 1.5℃ 떨어져 작물 재배 기간이 40여 일 줄고, 오존층의 파괴로 자외선이 30~80% 많아져 인간의 건강에 치명적인 해를 가한다고 해.

이를 '핵겨울 현상'이라고 하는데, 무려 25년 이상 계속되는 것으로 나타났어.

이 밖에도 핵무기가 지구상에서 가장 위험한 무기라고 하는 이유는 수도 없이 많아.

세계는 핵무기가 생겨나는 것을 막기 위해 '핵확산금지조약'을 만들었어.

이는 핵을 이미 가지고 있는 나라와 개발하고 있는 나라 모두 앞으로는 핵무기를 만들지 않겠다고 약속한 거야. 이미 갖고 있는 나라는 자신들의 이익을 위해 다른 나라에 핵을 넘겨주지 않겠다는 약속도 담았어.

우리나라는 1975년에 가입했고, 북한은 1985년에 가입했어. 문제는 북한이 그 후 탈퇴를 했다는 거야. 그리고 2013년에 핵실험에 성공했다고 발표했어.

전 세계는 북한이 핵무기를 개발하지 못하도록 압박하고 있어. 한반도 안에 사는 우리로선 매우 위태로운 일이지.

핵무기는 세계 평화를 위협하는 무시무시한 무기라는 걸 전 세계가, 누구보다 북한이 잊지 않았으면 해.

환율이 뭐예요?

"한국의 원(₩), 중국의 위안(元), 태국의 바트(B)······."

전 세계에는 다양한 돈이 있어. 돈을 부르는 이름도 다 다르지. 하지만 세계에서 가장 널리 쓰이고 큰 영향력을 가지고 있는 돈이 있어.

바로 '달러($)'야. 캐나다, 홍콩, 싱가포르, 말레이시아 등의 화폐 단위도 달러지만 흔히 달러라고 하면 미국의 달러를 말해.

미국의 돈인 달러는 지구촌 어디에서나 쓸 수 있어. 만약 달러밖에 없는 사람이 우리나라의 마트에서 물건을 사고 싶

국제 화폐인 달러(왼쪽)와 유로(오른쪽).

다면 은행에 가서 원으로 바꾸면 돼.

한 가지 재미있는 사실을 알려 줄까? 달러를 만든 것은 미국이 아니야. 그렇다면 달러는 어떻게 해서 생겨나게 되었을까?

종이돈이 나오기 전에는 금, 은 같은 귀한 금속이 돈의 역할을 했어. 달러는 그 시절 유럽 국가에서 쓰였던 은화를 가리키는 용어였단다.

　유럽 전역에서 달러라는 은화가 쓰이자 점차 화폐를 지칭하는 대명사가 되었어. '돈=달러'가 된 셈이지.

　영국의 식민지였던 미국은 독립한 뒤에 독자적인 화폐를 갖기 위해 고민했어. 그리고 1785년 7월 6일, 미국의 화폐를 달러로 부르기로 했다고 발표했지.

　하지만 이미 다른 나라에서도 달러라는 용어를 쓰고 있었기 때문에, 달러가 미국의 화폐로 정착하는 데는 많은 시간이 걸렸어.

　1944년, 국제통화기금(IMF)이 생기면서 달러가 중요한 국제 결제 수단으로 채택된 이후 달러는 드디어 세계에서 가장 영향력 있는 통화가 되었어. 지금까지도 그렇고 말이야.

　국제 결제 수단으로 쓰인다는 건 나라 간에 물건을 수출하거나 수입할 때 달러로 계산하는 걸 말해. 외국 회사에서 물건 값으로 달러를 받으면 국내 외환시장에서 우리 돈으로 바꿔서 쓰고, 반대로 우리 돈을 달러로 바꿔 외국 회사에 보내기도 하는 거야.

　미국의 '달러$'와 우리나라의 '원₩'은 분명히 다르지? 전 세계에서 그날그날 가치가 오르내려서 달러와 원을 바꿀 때도 가치가 매일 바뀌기도 해. 그걸 환율이라고 하는 거야.

환율 변화를 이용해서 돈을 버는 '딜러'라는 직업도 있을 정도지.

하지만 영원한 주인공은 없는 법! 1999년, 달러만큼 영향력이 높은 돈이 생겨났어.

유럽을 하나로 만든 유럽연합에 가입한 나라 중 19개국이 각자 사용하던 통화를 폐지했어. 유럽연합의 공동 화폐로 태어난 '유로(€)'를 쓰기 위해서 말이지.

유로를 쓰기 시작한 건 단순히 화폐를 통일하자는 뜻이 아니야. 유럽 내 19개국에서 약 3억 3,000만 명의 사람들이 유로로 물건을 사고 영화를 보고 저금을 한다는 건 경제를 하나로 묶겠다는 걸 의미해.

경제가 하나가 되면 어떻게 될까? 유로로 묶인 공동체이니, 힘이 더욱 커지겠지?

그렇다면 여기서 문제! 유럽의 강대국인 영국은 왜 유로를 쓰지 않는 걸까?

영국은 GP(Great British Pound), 즉 파운드라는 고유의

화폐를 쓰고 있어. 하지만 정부와 기업에서 이미 유로화를 쓰고 있지. 영국 어디서든 유로화를 쓸 수 있다는 거야.

하지만 정식으로 유로를 인정하진 않았어. 아직도 영국의 많은 경제학자들이 달러와 유로 중 어떤 것이 영국에 도움이 될까 논쟁을 벌일 정도야.

환율 변화를 이용해 돈을 버는 직업인 외환 딜러.

영국은 유로를 정식 화폐로 택하기보단 파운드를 사용하면서 미국과 좋은 관계를 유지하는 게 좋다고 생각하는 것 같아. 유럽연합이 경제 규모 면에서 미국을 앞서지만 여러 가지 분열의 위험을 가지고 있기 때문이지.

세계에서 가장 힘이 센 미국은 하나의 나라이지만 유럽연합은 다른 언어를 사용하고 다른 민족인 각 나라의 집합체잖아. 어쩌면 어느 날 관계가 어긋날 수도 있다는 거지.

물론 영국인들의 파운드화에 대한 자존심도 유로화를 사용하지 않는 이유에 한몫해. 영국인들은 영국의 고유 화폐가 남아 있기를 바라거든.

현재 세계를 주름잡는 통화인 달러가 유로에 많은 자리를 내주게 되었어. 하지만 아직까지도 달러의 힘은 무시할 수 없지.

달러와 유로. 세계 통화의 양대 산맥이 될 수 있을까?

해양쓰레기! 생선도 못 먹게 되나요?

〈제주 해안이 밀려오는 해양쓰레기로 멍들고 있다. 20일 제주시 구좌읍의 한 해안. 절경을 감상하기도 전, 해안에 버려진 온갖 쓰레기들이 먼저 눈에 띄었다.

해안선을 따라 술병과 스티로폼, 목재 등 각종 해양쓰레기들이 널브러져 있어 이곳을 찾는 관광객들의 눈살을 찌푸리게 했다. 도두동과 애월읍 지역의 해안도 사정은 마찬가지.

두 곳 모두 페트병과 폐그물 등 갖가지 쓰레기로 몸살을 앓고 있었고, 이로 인해 미관까지 저해되는 등 제주의 청정 이미지 실추도 우려됐다.

(중략) 제주시 관계자는 "중국과 우리나라 남해안 등에서 발생하는 해양쓰레기가 북서 계절풍을 타고 제주 해안까지 밀려와 처리하는 데 애를 먹고 있다"며 "올해 쓰레기 수거에 20억 5,200만 원의 예산을 투입했다. 내년 예산도 신청한 상태"라고 말했다.

한편 제주시가 수거한 해양쓰레기는 2014년 4,927톤에서 올 들어 12월 8일까지 1만 333톤으로 2배 이상 급증했다.〉

위는 8년 전 얘기. 지금은 한 해 2만 톤으로 또 고쳐 써야 해.

바다를 엉망으로 만드는 해양쓰레기.

바다가 쓰레기로 몸살을 앓고 있어. 물개, 바다사자, 고래, 거북이와 같은 해양 생물들도 쓰레기를 먹거나 버려진 그물에 걸리는 등 매년 10만 마리 이상 희생되고 있단다.

바다는 오랫동안 지구에서 가장 큰 쓰레기장으로 사용되어 왔어. 하지만 스스로 쓰레기를 처리하는 자정작용에도 한계가 생겼어. 우리가 무심코 버린 쓰레기, 공장 폐수, 비료 등의 양이 어마어마하기 때문이야.

우리나라에서 발생하는 해양쓰레기는 연간 15만 9,800톤에 달해. 이 가운데 육지에서 온 것이 10만 9,400톤, 바다에서 만들어지는 쓰레기가 5만 400톤이야. 결국 해양쓰레기의 약 70%는 육지에서 온다는 것을 알 수 있어.

비가 많이 내리거나 태풍이 불면 육지에 있던 폐기물, 유리, 플라스틱, 비닐 등이 하천을 따라 바다로 떠내려가. 또, 물고기를 잡을 때 쓰는 그물이나 밧줄, 스티로폼도 바다 위를 떠다니고 있어.

이렇게 발생한 쓰레기들이 분해되는 데는 매우 긴 시간이 걸려. 바다에서 종이는 분해되는 데 1개월, 밧줄은 3~14개월 정도가 걸리지. 페인트칠이 된 나뭇조각은 13년이 지나야

분해될 수 있어.

또, 통조림 깡통은 100년, 알루미늄 깡통은 500년, 플라스틱은 알루미늄보다 더 오랜 시간이 걸린다고 해.

해양쓰레기는 많은 문제를 일으켜. 해양쓰레기가 밀집된 곳은 바닷속으로 들어가는 태양 빛까지 막혀서 바다 생물들이 집단으로 죽는 일이 생기고 있어.

또, 바다 아래 가라앉은 쓰레기들은 물고기들이 알을 낳는 장소를 오염시켜 물고기의 서식지를 파괴하고 있지.

놀랍게도 세계 각국은 바다에 고의적으로 쓰레기를 버리기도 해. 세계의 선진국이라는 미국이나 유럽 나라들도 육지에서 발생하는 쓰레기를 배에 실어 바다에 버려 왔지.

세계는 이를 심각하게 생각해 1975년 '런던덤핑 협약'이라는 국제협약을 맺고 바다에 쓰레기를 버리지 말자고 약속했단다.

이 협약에 처음 33개국이 가입했고, 우리나라도 1992년에 가입했어. 그러나 이 협약은 아직도 잘 지켜지지 않아.

우리나라만 해도 수백만 톤의 축산 분뇨, 음식물 쓰레기, 산업 폐수 등을 동해와 서해 먼바다에 버려 왔어.

해양쓰레기로 인해 동물들이 죽어 가고 있어.

아시아에서 베트남, 중국, 인도네시아, 태국, 필리핀 등은 직접 내다 버리는 해양쓰레기의 양이 많은 나라들이야.

다행히 우리나라는 2016년부터 쓰레기를 바다에 버리는 걸 금지하기로 했어. 대신 그것을 시멘트를 만드는 데 연료로 재활용한대.

해양쓰레기는 우리 건강에도 해를 끼쳐. 화학물질이 포함된 쓰레기 알갱이를 물고기가 먹어서 오염되고, 그 고기를 다시 사람이 먹고 있는 거야. 끔찍한 일이지.

해양쓰레기로 인한 피해는 끝이 없어. 우리나라 선박 사고의 10분의 1은 해양쓰레기가 원인이야. 배의 프로펠러에 비닐봉지나 어망이 걸려 엔진을 망가뜨리기 때문이야.

선박 사고가 계속되면 어업 생산성이 떨어질 뿐 아니라 사고로 생긴 쓰레기 때문에 해양 오염의 악순환이 계속되는 거야.

우리나라는 해양쓰레기 처리를 위해 매년 400억 원을 쓰고 있어. 해양쓰레기는 수거하기가 쉽지 않아서 같은 양의 육지 쓰레기보다 처리하는 데 더 많은 비용이 들지. 그래도 해양쓰레기 수거율은 40%밖에 되지 않는다고 해.

나라의 노력만으로는 깨끗한 바다를 만들 수 없어. 국민 각자가 환경에 관심을 기울여야 해양쓰레기를 줄일 수 있다는 말씀!

바다나 산 어디를 가든 나로 인한 쓰레기는 되가져오거나 지정된 장소에 버려서 바깥 현장이 더러워지지 않게 해야 해. 육지에 버린 쓰레기도 비가 오면 바다로 흘러가니까 말이야.

바다를 깨끗하게 하는 건 결국 우리의 건강을 지키는 일이 될 거야.

UN은 무슨 일을 해요?

우리나라가 다른 나라와 관계를 맺지 않고 살 수 있을까? 세계가 하나가 된 글로벌 시대에는 불가능한 일이야. 대부분의 나라가 다른 나라들과 협력하고 경쟁하면서 더불어 살기 때문이지.

그렇다 보니 세계의 어느 한 나라에서 문제가 발생하면 다른 나라에도 영향을 주게 돼. 그래서 국제적인 문제를 해결하는 국제기구가 꼭 필요한 것이 되었어.

제2차 세계대전이 끝난 뒤에도 마찬가지였어. 전쟁으로 인해 많은 사람이 죽고, 세계 곳곳이 파괴되자 각 나라들은 이 문제를 해결하고 다시는 같은 일이 발생하지 않길 원했어.

　1941년 8월 14일, 미국 대통령 프랭클린 루스벨트와 영국 수상 윈스턴 처칠 등 많은 나라의 대표자들이 모여 세계 평화를 지키기 위한 국제기구를 만들었어.

　루스벨트 대통령은 이 국제기구를 '국제연합(UN)'이라고 부르자고 했지. 결국 국제연합은 공식 명칭으로 쓰이게 되었단다. 본부는 미국 뉴욕에 두었고.

미국 뉴욕에 있는 유엔 본부.

국제연합은 나라들 사이에 다툼이나 전쟁이 일어나면 이를 평화적으로 해결하기 위해 노력해. 또, 국제적인 협력을 통해서 전 세계 모든 나라의 사람들이 '사람답게 살 권리'를 누릴 수 있도록 애쓰고 있어.

평화 유지, 군사비 축소, 국제 협력 활동 등이 그 대표적인 활동이고, 주요 기구로는 총회, 안전보장이사회, 국제사법재판소 등이 있어.

분야를 더 구체적으로 나눈 전문 기구들도 두고 있는데,

유엔 건물 앞에 있는, 평화를 상징하는 '묶인 권총'.

노동 환경 개선을 위한 국제노동기구, 굶는 사람이 없도록 돌보는 식량농업기구, 보건과 건강을 담당하는 보건기구 등 20여 개나 돼.

이 중 몇 가지를 살짝 알아볼까?

유니세프는 유엔아동기금이라고 불리기도 하는데, 전 세계의 가난하고 굶주리는 아동을 위해 1946년에 만들어졌어. 아직도 전 세계에는 하루하루 사는 것이 힘든 아이들이 있어. 가난, 가뭄, 홍수, 전쟁 등은 아이들을 더욱 힘들게 하지.

유니세프는 불행에 처한 아이들에게 음식과 옷을 전해 주고 직접 현장을 찾아서 치료해 주는 일을 해. 그리고 아이들이 사는 환경의 개선을 위해 깨끗한 물을 마실 수 있는 우물을 만들고, 교육을 받을 학교를 세우고 있어.

세계법원이라고 들어본 적 있니? 국제사법재판소로, 국제연합의 사법기관이야.

국제사법재판소에는 각기 다른 나라에서 뽑힌 15명의 재판관이 있어. 그들은 나라 사이의 문제를 해결하고 사건이 일어나면 공정하게 판결을 내린단다.

국제연합은 전쟁을 막고 평화를 유지하는 큰 성과를 남겼어. 대표적인 예로 우리나라에 6·25전쟁이 터졌을 때 국제연합의 결정으로 UN군이 파견되어 공산군의 침략을 막아 냈지.

또, 국제연합은 발전이 늦어지고 있는 국가들의 정치적 지위를 향상시키고 경제 성장을 돕는 역할도 해.

여러 가지 좋은 일들을 해냈지만 걱정되는 점도 있어.

무엇보다 국제연합의 힘이 너무 커지면 각 나라의 일에 직접 영향을 끼치게 된다는 거야. 나라의 일은 그 나라가 직접 해결해야 하는 몫인데 말이지.

51개국으로 시작한 국제연합은 2022년 기준으로 193개국의 회원국을 갖게 되었어. 1991년 국제연합에 가입한 우리나라도 그 가운데 하나로 국제 평화에 더 큰 도움이 되려고 노력하는 중이야.

2006년 12월에는 우리나라 출신의 반기문이 #**국제연합 사무총장**으로 당선되기도 했어.

최근 국제연합은 극심한 가난을 막고 전 세계 사람들이 초등교육을 받을 수 있도록 앞장서고 있어. 성(性)의 평등을 위한 여성들의 권리 보장, 테러가 빈번한 중동의 평화 문제 등도 국제연합이 무척 관심을 두는 일이야.

국제연합뿐만 아니라 전 세계가 더욱 힘을 모은다면 이 사회가 좀 더 나아지지 않을까?

#유엔사무총장

국제연합을 이끄는 유엔사무총장은 '세계 최고의 외교관', '세계의 CEO'라고 불려. 임기는 5년이고, 192개국이 참여하고 있는 세계 최대 국제기구인 유엔을 관리하는 일을 하지.
유엔사무총장이 하는 일은 어떤 정부나 다른 기관에서 막을 수 없어. 누구도 지시할 수 없고, 따를 명령도 없는 자리인 거야. 뿐만 아니라 1만 6,000여 국제연합 직원을 관리하고 예산을 집행할 수 있는 권한을 갖고 있어.
국제적으로는 국가원수의 대접을 받아. 한 나라의 대통령이나 다름없는 거지.

IMF, 좋은 건지 나쁜 건지 어려워요

1997년 우리나라의 중앙은행인 한국은행이 갖고 있는 외국 돈이 조금밖에 남지 않았어. 무역 등 다른 나라와 교역을 하자면 외국 돈이 필요한데 말이야.

그중에는 국가 개발과 발전을 위해 외국에서 빌린 것도 있었는데, 그런 돈을 갚지 못할 상황이 되자 #외환위기가 오고 말았어.

일반 은행이나 기업들 대부분은 사업을 하는 과정에서 상급 은행이나 외국의 금융회사에 얼마씩은 빚을 지는 게 보통이야. 그런데 한국에 외화가 부족하다는 소문이 나자 빚을 갚으라는 요구도 갑자기 더 많이 들이닥쳤지.

 이른바 외환위기를 맞은 거야. 돈을 갚을 수 없게 된 일부 은행과 기업들이 망하게 되고, 사람들은 직장을 잃었어. 그렇게 경기가 꽁꽁 얼어붙자 상인들도 장사가 안 되어 가게를 닫게 되고.

외환위기를 벗어나기 위해 금모으기 운동을 벌였어.

　회사를 다닐 수 없게 된 사람들, 취직이 어려워진 청년들 등 거리에는 실업자가 넘쳐 났어. 뿐만 아니라 석유와 같이 외국에서 꼭 사 와야 할 물건도 제대로 살 수 없게 되었지. 정부는 큰 결심을 내리고 국민들에게 말했어.
　"IMF의 도움을 받기로 했습니다."

IMF는 우리나라에 195억 달러를 빌려주었어. 지금으로 치면 23조 5,000만 원에 가까운 큰돈이야. IMF는 돈을 빌려주는 대신 우리나라의 경제가 다시 살아날 때까지 관리 감독을 했어.

우리나라는 여러 정책을 다시 세웠어. 기업들은 직원과 회사를 줄이는 구조조정을 해서 허리띠를 졸라 맸고, 부실한 기업은 외국인에게 팔기도 했어.

국민들도 힘을 합쳤지. 외국에 달러를 받고 팔 수 있는 금 모으기 운동, #아나바다 운동 등을 벌여 외화 확보에 모두 동참했어.

그 덕분에 IMF로부터 빌린 돈을 갚기로 한 시기인 2004년보다 훨씬 앞선 2001년에 거의 다 갚을 수 있었지.

이렇게 보면 IMF는 고맙기도 하지만 위에서 말한 것처럼 그 시기 동안 국민들은 많은 고통을 받았어. 돈을 꿔 줬다고 우리 정부에 간섭도 많이 했지. 우리로서는 다시는 없도록 해야 할 상황이야.

그렇다면 IMF는 무슨 기관이기에 큰돈을 빌려주고 우리나라를 감독했을까?

IMF는 국제통화기금(International Monetary Fund)의 약자로 경제적인 어려움을 겪고 있는 나라에 돈을 빌려주는 국제기구야.

제2차 세계대전 이후 세계 경제는 혼란에 빠졌어. 그래서 1945년 세계 무역의 안정을 목적으로 국제 금융기구인 IMF가 설립되었어.

IMF는 회원국들의 무역 규모, 국민의 소득액 등에 따라 일종의 저축인 적립금을 받아. 그리고 그렇게 모은 돈을 가입 국가들에게 힘든 일이 있을 때 빌려주는 거야.

그래서 IMF의 회원국인 우리나라도 돈을 빌릴 수 있었어. 돈을 빌린 나라는 이자를 붙여서 정해진 기간 내에 갚아야 해.

IMF는 통화의 기준을 금과 달러로 하고 있어. 그래서 금과 달러를 쓰지 않는 다른 나라가 돈을 바꿔 달라고 하면 금, 달러 등으로 교환해 주기도 하지.

IMF가 은행 역할만 하는 건 아니야. 그들은 세계 경제를 안정시킬 임무를 갖고 있어. 그래서 경제 사정이 좋지 않은 개발도상국에도 돈을 빌려주고 갚을 기간을 최대한 늘려서 부담을 줄여 주는 정책을 쓰고 있어.

세계 경제를 지키는 IMF가 모든 나라를 구할 수 있는 것은 아니야.

IMF를 통해 16억 유로, 우리 돈으로 1조 9,400억 원을 빌렸던 그리스는 2015년까지 갚겠다고 했지만 결국 갚지 못했어. 이에 따라 그리스는 유럽 선진국 중 처음으로 IMF 채무를 갚지 못한 나라가 되었어.

그런 경우는 수단, 짐바브웨와 같은 가난한 나라에서나 있었거든.

IMF는 그리스가 정책을 바꿔 돈을 갚기를 희망하고

#외환위기

국가는 항상 어느 정도의 외국 돈, 즉 외화를 보유하고 있어야 해. 국제시대인 만큼 다른 나라와 무역, 업무 교류 등을 하자면 외화가 꼭 필요하기 때문이지.

예를 들어 대한민국에 대한 신뢰가 떨어져 외국 기업이 투자를 거두기로 하여 외화가 빠져나갔다고 치자. 하지만 금고에 적당량의 외화가 있다면 고민하지 않아도 돼. 그런데 여러 가지 이유로 그 금고가 비었다면 외환위기가 오는 거야.

외환 금고가 비게 되면 경제 활동에 꼭 필요한 석유, 제품 생산을 위한 외국의 원자재 등을 사 올 수 없게 돼. 이런 일이 반복되면 IMF에서 외화를 빌려야 하고 심한 경우 그 돈마저 갚지 못하게 될 거야. 그러면 나라가 파산하는 상황이 올 수도 있어.

#아나바다 운동

'아껴 쓰고 나눠 쓰고 바꿔 쓰고 다시 쓰자.'
아나바다 운동은 IMF 구제금융 요청 사태가 발생한 이듬해인 1998년에 등장했던 국민운동이야. 국민들이 불필요한 지출을 최대한 줄이자고 한 거지.
어릴 때 입던 옷을 다른 아이에게 준다든지 망가진 책상 다리를 고쳐서 쓴다든지, 오래된 가방을 좀 더 사용하는 등으로 아나바다 운동을 실천했어.
꼭 외환위기 상황이 아니어도 물건을 낭비하지 않는 '아나바나'는 좋은 생활 태도야.

있어. 그리고 그리스가 돈을 갚기 전까지는 추가로 자금을 지원해 줄 수 없다고 발표했지.

그리스의 금융 문제가 유럽 전체에 피해를 끼칠 수 있기 때문에 모두가 주목하고 있는 상황이야.

한 나라에 외환위기가 닥치는 것은 매우 큰일이야. 경제가 무너져 나라가 파산할 수도 있거든. 한마디로 나라 살림을 정상적으로 펼 수 없는 상태라는 뜻이야.

IMF라는 든든한 기관이 있긴 하지만 나라가 돈을 잘 운영해 외환위기를 맞지 않는 게 우선되어야 할 거야.

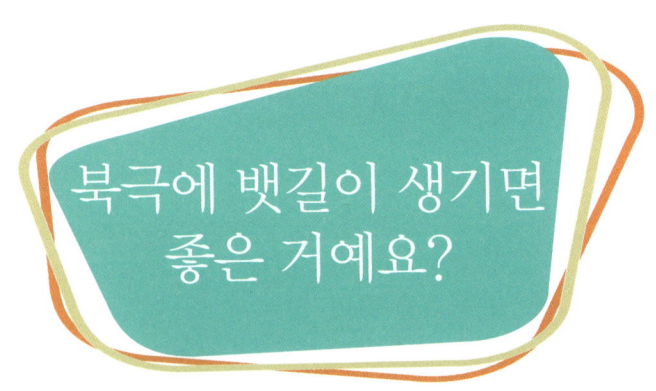

북극에 뱃길이 생기면 좋은 거예요?

"지구는 뜨거워지는 중."

지구의 온도가 점점 높아지고 있는 '지구온난화'에 대해 한 번쯤 들어 본 적이 있을 거야.

지구가 뜨거워지는 바람에 빙하가 녹아서 북극곰들은 살 곳을 잃고, 바닷물의 수위는 점점 높아져서 섬들이 가라앉고 있어. 뿐만 아니라 지구온난화로 인해 우리가 지금까지 살아왔던 생활환경도 바뀌고 있단다.

지구온난화로 빙하가 녹으면서 우리가 발견한 것이 있어.

바로 '북극항로'야.

　우리나라를 포함해서 많은 나라들이 유럽과 무역을 하려면 홍해와 지중해를 잇는 이집트의 #수에즈 운하를 거쳐야 해. '운하'란 육지를 뚫어서 원래는 없던 뱃길을 낸 것을 말해.

　유럽도 다른 나라와 무역을 하려면 마찬가지로 수에즈 운하를 건너지. 다른 길보다 거리가 짧아 경제적이지만 이 길

북극항로의 개척은 지구온난화를 부추기고 있어.

ⓒKovalenko I - Fotolia

은 치명적인 단점을 갖고 있어. 안전하지 않다는 점이야.

 수에즈 운하를 가려면 반드시 지나쳐야 하는 곳이 있어. 중동의 예멘과 아프리카의 소말리아 사이에 위치한 아덴만이란 바다인데, 이곳엔 해적이 굉장히 많아.

 수많은 해운회사들의 배가 이곳을 지나다가 해적들에게 납치되거나 심지어 선원들이 살해당하기까지 했어. 길이 위험하니까 보험회사들은 보험료를 계속해서 높였지.

 배를 몰고 수에즈 운하를 건너야 했던 해운회사들은 고민에 빠졌어. 다른 길 중의 하나인 남아프리카공화국 쪽으로 돌아서 가 볼까 하는 생각도 해보고 말이야.

 하지만 다른 길은 수에즈 운하를 건너는 것보다 시간이 몇 배나 더 걸려.

 기름을 싣는 유조선처럼 큰 배는 한 번 모는 데 아주 큰돈이 들기 때문에 시간이 곧 돈이거든. 그래서 시간을 줄이기 위해 수에즈 운하를 건널 수밖에 없었단다.

 그런데 이젠 북극 바다의 얼음이 녹으면서 북극항로가 생겨난 거야.

북극항로의 탄생으로 많은 나라들이 이점을 갖게 되었어. 우리나라를 예로 들어 볼까?

예전에는 부산에서 네덜란드의 로테르담까지 배로 30일이 걸렸어. 2만 100km라는 먼 거리거든.

하지만 북극항로가 생기자 거리가 1만 2,700km로 줄어들었어. 거리가 줄어드니까 가는 시간도 줄어서 이제는 20일이면 로테르담에 갈 수 있게 되었지.

뿐만 아니라 북극항로는 추운 북극에 위치하기 때문에 해적이 살지 않아. 그래서 더 안전하기도 하고 보험료도 더 낮지. 기업들은 더욱 싼 가격으로 무역을 할 수 있게 된 거야.

북극항로는 북아메리카와 유럽을 잇는 캐나다 해역의 북서항로와 아시아와 유럽을 잇는 러시아 해역의 북동항로로 나뉜단다.

1년 중 약 4개월(7월~10월) 동안 가장 활발하게 운행돼. 하지만 2030년에는 1년 365일을 이용할 수 있을 거라 예상하고 있어.

세계 여러 나라에서 적극적으로 개발하고 있는 북극항로

얼음이 떠 있는 북극 바다를 헤쳐 가는 배.

두 아직은 몇 가지 문제점을 안고 있어.

남극은 이른바 '무주지'야. 주인이 없는 땅이란 뜻으로 어느 국가에도 속하지 않는다는 거야. 그래서 남극을 지나가는 건 누구의 허락을 받을 필요가 없어.

하지만 북극은 달라. 러시아, 캐나다, 노르웨이 등의 국가들이 북극 땅과 바다의 일부를 갖고 있어. 그래서 북극해를 지나려면 국가 간의 협의가 중요해.

문제는 또 있어. 북극하면 커다란 빙하가 떠오르지? 지구온난화로 북극항로가 열렸다고는 하나 그래도 바다 곳곳이 얼어 있지.

그래서 북극을 건너려면 얼음을 깨면서 나아갈 수 있는 쇄빙 기술이 필요해. 제대로 된 기술이 없으면 배가 얼음에 부딪혀서 침몰하고 말 거야. 타이타닉호가 그랬듯이 말이야.

북극은 전 세계 모든 사람들에게 아직도 잘 알려지지 않은 곳이야. 예전에도 그랬고 지금도 탐험가들은 북극을 알고 싶어 하지.

하지만 배가 다니는 항로와 날씨 상태에 대한 정확한 자료가 없어서 위험한 요소들이 아직 곳곳에 숨어 있어.

우리나라는 2009년 첫 쇄빙 연구선인 아라온호를 띄웠어. 아라온호는 쇄빙뿐만 아니라 첨단 연구시설을 갖추고 있어서 본격적으로 남극과 북극 탐사 및 연구 활동을 하고 있어.

하지만 잊지 말아야 할 것이 하나 있단다. 북극항로가 왜 생기게 되었는지 말이야.

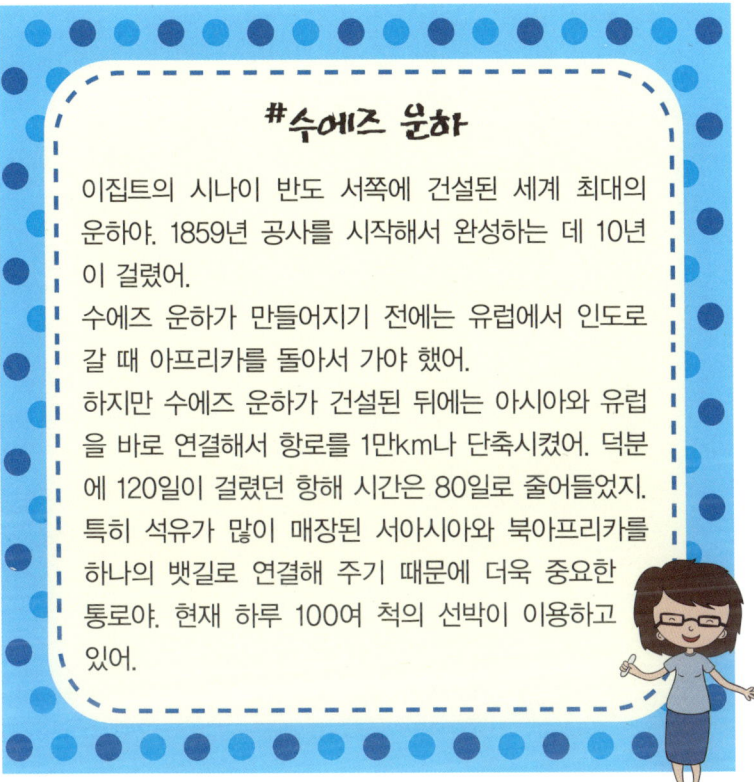

#수에즈 운하

이집트의 시나이 반도 서쪽에 건설된 세계 최대의 운하야. 1859년 공사를 시작해서 완성하는 데 10년이 걸렸어.

수에즈 운하가 만들어지기 전에는 유럽에서 인도로 갈 때 아프리카를 돌아서 가야 했어.

하지만 수에즈 운하가 건설된 뒤에는 아시아와 유럽을 바로 연결해서 항로를 1만km나 단축시켰어. 덕분에 120일이 걸렸던 항해 시간은 80일로 줄어들었지. 특히 석유가 많이 매장된 서아시아와 북아프리카를 하나의 뱃길로 연결해 주기 때문에 더욱 중요한 통로야. 현재 하루 100여 척의 선박이 이용하고 있어.

지구온난화로 생겨난 북극항로의 개발이 지구온난화를 부추긴다는 의견이 있어. 그로 인해 북극곰을 비롯한 동물들과 어류들이 큰 피해를 입고 있지.

북극항로의 탄생은 인간에겐 이득이 되었지만 북극에는 상처가 되고 말았어.